essentials

Essentials liefern aktuelles Wissen in konzentrierter Form. Die Essenz dessen, worauf es als „State-of-the-Art" in der gegenwärtigen Fachdiskussion oder in der Praxis ankommt. *Essentials* informieren schnell, unkompliziert und verständlich

- als Einführung in ein aktuelles Thema aus Ihrem Fachgebiet
- als Einstieg in ein für Sie noch unbekanntes Themenfeld
- als Einblick, um zum Thema mitreden zu können

Die Bücher in elektronischer und gedruckter Form bringen das Fachwissen von Springerautor*innen kompakt zur Darstellung. Sie sind besonders für die Nutzung als eBook auf Tablet-PCs, eBook-Readern und Smartphones geeignet. *Essentials* sind Wissensbausteine aus den Wirtschafts-, Sozial- und Geisteswissenschaften, aus Technik und Naturwissenschaften sowie aus Medizin, Psychologie und Gesundheitsberufen. Von renommierten Autor*innen aller Springer-Verlagsmarken.

Markus H. Dahm ·
Johannes Heydenreich

Co-Creation in der Creator Economy

So können Content Creators ihre
Community an ihre Inhalte binden

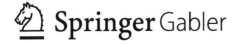

Markus H. Dahm
FOM Hochschule
Hamburg, Hamburg, Deutschland

Johannes Heydenreich
Hamburg, Deutschland

ISSN 2197-6708   ISSN 2197-6716 (electronic)
essentials
ISBN 978-3-658-44656-7   ISBN 978-3-658-44657-4 (eBook)
https://doi.org/10.1007/978-3-658-44657-4

Die Deutsche Nationalbibliothek verzeichnet diese Publikation in der Deutschen Nationalbibliografie; detaillierte bibliografische Daten sind im Internet über https://portal.dnb.de abrufbar.

Planung/Lektorat: Angela Meffert
Springer Gabler ist ein Imprint der eingetragenen Gesellschaft Springer Fachmedien Wiesbaden GmbH und ist ein Teil von Springer Nature.
Die Anschrift der Gesellschaft ist: Abraham-Lincoln-Str. 46, 65189 Wiesbaden, Germany

Das Papier dieses Produkts ist recycelbar.

Was Sie in diesem *essential* finden können

- Inspiration durch Erfolgsgeschichten: Entdecken Sie inspirierende Fallstudien über Co-Creation in der Creator Economy, die den Weg zum finanziellen Erfolg zeigen.
- Praktische Strategien für Monetarisierung: Erhalten Sie konkrete Ratschläge und bewährte Methoden zur effektiven Monetarisierung Ihrer kreativen Inhalte.
- Burnout-Prävention: Lernen Sie Strategien kennen, um Erschöpfung und Burnout in der dynamischen Welt der Creator Economy zu verhindern.
- Gemeinschaftsaufbau und Engagement: Erfahren Sie, wie Co-Creation nicht nur Ihre Arbeit erleichtert, sondern auch tiefere Verbindungen zu Ihrer Community schafft.
- Zukunftsorientierte Einblicke: Tauchen Sie in eine visionäre Analyse ein, die aufkommende Trends und Technologien in der digitalen Landschaft der Creator Economy beleuchtet.
- Kreative Allianzen und Partnerschaften: Entwickeln Sie ein Verständnis dafür, wie die Zusammenarbeit mit anderen Kreativen, Marken und Plattformen Ihre Erfolgschancen steigert.
- Anregungen für die eigene Content-Creator-Reise: Nutzen Sie das Buch als einen Leitfaden, der nicht nur informiert, sondern Sie auch dazu inspiriert, Ihre eigene kreative Reise zu gestalten.

Vorwort

Liebe Leserinnen und Leser,

es ist eine aufregende Zeit für kreative Köpfe wie Sie in der digitalen Ära der unbegrenzten Möglichkeiten. In diesem Buch nehmen wir Sie mit auf eine inspirierende Reise, die über die traditionellen Grenzen des Schaffens hinausgeht. Wir – Markus H. Dahm und Johannes Heydenreich – haben die faszinierende Welt der Creator Economy erforscht und dabei nicht nur Erfolgsbeispiele, sondern auch Hürden und Herausforderungen erlebt. Unser Ziel ist es, Ihnen einen Wegweiser für Ihre eigene kreative Reise zu präsentieren. Wir verstehen die Leidenschaft, den Enthusiasmus und manchmal auch die Unsicherheiten, die mit dem Content-Creator-Dasein einhergehen. Deshalb haben wir dieses Buch geschrieben – um Ihnen nicht nur konkrete Strategien für finanziellen Erfolg und Burnout-Prävention zu bieten, sondern Ihnen auch dabei zu helfen, eine Gemeinschaft zu schaffen, die Sie unterstützt.

Tauchen Sie ein in die Welt der kollaborativen Innovation, entdecken Sie neue Content-Strategien und knüpfen Sie kreative Allianzen. In den folgenden Seiten teilen wir nicht nur unser Wissen, sondern schaffen Raum für Ihre eigene Entfaltung in der digitalen Kreativität.

Dieses Buch ist mehr als nur ein Ratgeber; es ist eine Einladung, sich mit uns auf die Reise zu begeben, die Zukunft der Creator Economy zu gestalten. Entdecken Sie, wie Co-Creation nicht nur Ihre Einnahmen steigert, sondern auch eine erfüllende, nachhaltige Content-Creator-Karriere ermöglicht.

Wir freuen uns darauf, Sie auf dieser inspirierenden Reise zu begleiten.

Mit kreativen Grüßen,
Markus H. Dahm
Johannes Heydenreich

Hamburg
im Sommer 2024

Inhaltsverzeichnis

Über die Autoren

Prof. Dr. Markus H. Dahm (MBA) ist Organisationsentwicklungsexperte und Berater für Strategie, Digital Change & Transformation. Ferner lehrt und forscht er als Honorarprofessor an der FOM Hochschule für Oekonomie & Management in den Themenfeldern Social Media Marketing, Creator Industry und Business Modell Innovation. Er publiziert regelmäßig zu aktuellen Management- und Leadership-Fragestellungen in wissenschaftlichen Fachmagazinen, Blogs und Online-Magazinen sowie der Wirtschaftspresse. Er ist Autor und Herausgeber zahlreicher Bücher.

Johannes Heydenreich (M.Sc.) ist für Business Development und Projektmanagement bei der DLS Consulting GmbH verantwortlich. Seit 2021 ist er in der Creator Economy tätig. Im Jahre 2020 gründete er auch die Rank It UG. Er absolvierte ein Bachelorstudium an der FH Wedel und ein Masterstudium an der FOM Hochschule für Oekonomie & Management.

Einleitung

1

Die Creator Economy hat in den letzten Jahren eine bemerkenswerte Entwicklung durchlaufen und sich zu einem bedeutenden Wirtschaftszweig entwickelt. Für das Jahr 2022 wurde der Gesamtmarkt auf rund 104,2 Mrd. US$ geschätzt (vgl. Influencer Marketing Hub, 2022, S. 30). Dieser Markt umfasst eine Vielzahl von Akteuren, darunter Content Creators, Verbraucher, Unternehmen, Plattformen und Werbetreibende. Die Creator Economy bietet Content Creators und Influencern die Möglichkeit, ihr Talent und ihre Kreativität in beruflichen Erfolg umzusetzen und mit ihren Inhalten Geld zu verdienen (vgl. Winter, 2022). Durch die Nutzung von Plattformen wie YouTube, Instagram, TikTok und anderen sozialen Medien können sie ihr Publikum erreichen und eine engagierte Fangemeinde aufbauen. Unternehmen und Marken erkennen zunehmend das Potenzial der Zusammenarbeit mit Content Creators, um ihre Produkte und Dienstleistungen zu bewerben und eine größere Reichweite zu erzielen. Für sie ist Influencer-Marketing zu einem wichtigen Instrument geworden, um ihre Zielgruppen gezielt anzusprechen und ihre Markenbekanntheit zu steigern. Darüber hinaus gründen viele Content Creators eigene Unternehmen, um ihre eigenen Produkte zu verkaufen. Mit dem Wachstum ihrer Fangemeinde und dem Aufbau einer starken Marke können sie ihre eigene Produktlinie entwickeln und direkt an ihre Community vermarkten. Die Social-Media-Plattformen bieten ihnen dabei die Möglichkeit, ihre Produkte zu präsentieren, die zu verkaufen und den gesamten Prozess zu verwalten. Durch den Verkauf ihrer eigenen Produkte schaffen sich die Creators eine zusätzliche Einkommensquelle neben Werbung, Sponsorings, Abonnements und Affiliate-Marketing.

Trotz des enormen Potenzials gibt es auch Herausforderungen für die Content Creators. Ständige Veränderungen auf den Plattformen, der Druck, in den

M. H. Dahm und J. Heydenreich, *Co-Creation in der Creator Economy*, essentials, https://doi.org/10.1007/978-3-658-44657-4_1

sozialen Medien ohne Unterbrechung präsent zu sein, die Angst, Follower zu verlieren, und der Druck, auf den Plattformen Geld verdienen zu müssen, können zu physischen und psychischen Belastungen für die Content Creators führen, welche auch als „Creator Burnout" bezeichnet werden. Diese Art von Burnout kann sich auf unterschiedliche Weise äußern. Content Creators können unter Kreativitätsblockaden, Motivationsverlust, Erschöpfung, Schlafstörungen, Reizbarkeit und einem allgemeinen Gefühl der Überlastung leiden (vgl. Kay, 2022). Dieser Zustand kann nicht nur die persönliche Lebensqualität beeinträchtigen, sondern auch die Produktivität, die Beziehung zu den Fans und letztlich den Erfolg in der Creator Economy negativ beeinflussen. Die Ergebnisse einer Umfrage zeigen, dass 30 % der befragten Creators häufig unter den Symptomen von Creator Burnout leiden, während weitere 48 % angaben, gelegentlich davon betroffen zu sein. Insgesamt berichteten also 78 % der Befragten, dass sie entweder aktuell unter Burnout leiden oder in der Vergangenheit darunter gelitten haben (vgl. Reidy, 2022).

Um Creator Burnout zu vermeiden, ist es wichtig, dass Content Creators Strategien und Mechanismen entwickeln, um ihre psychische und physische Gesundheit zu schützen und die langfristige Nachhaltigkeit ihrer Karriere zu gewährleisten.

Was ist also die Schlüsselfragestellung, die dieses Buch beantworten möchte?

Angesichts der Herausforderung in der Creator Economy stellt sich die Frage, wie die Content Creators ihr Einkommen sichern und gleichzeitig ihre geistige und körperliche Gesundheit wahren können. Eine Strategie könnte die Nutzung des Konzepts Co-Creation sein, bei dem Fans aktiv in den Prozess der Content-Erstellung eingebunden werden.

Das vorliegende Buch geht daher der Frage nach: „Können Content Creators ihre Community durch Co-Creation mehr an ihre Inhalte binden?" Es gilt die Annahme, dass der erhöhte Content Konsum der Fans zu einer Steigerung der Einnahmen auf den Plattformen der Content Creators führt.

Die Ausführungen beschränken sich auf die vier Contenttypen Short Clips, Videos, Livestreams und Podcasts, da sie ein breites Spektrum audiovisueller Medien repräsentieren, die in der heutigen digitalen Kommunikationslandschaft besonders relevant sind. Sie sind nicht nur weit verbreitet, sondern auch äußerst vielfältig hinsichtlich ihrer Art und den Möglichkeiten der Interaktion mit dem Zielpublikum.

Am Ende werden Handlungsempfehlungen für Content Creators abgeleitet, um Creator Burnout zu vermeiden.

Creator Economy 2

2.1 Content Creator und Creator Economy

Im Folgenden werden die Begriffe Content Creator und Creator Economy definiert, um ein grundlegendes Verständnis zu schaffen.

Content Creator
Der Begriff „Content Creator" setzt sich übersetzt aus den Wörtern „Inhalt" und „Ersteller" zusammen. Der Begriff bezieht sich auf Personen, die Inhalte jeglicher Art, wie beispielsweise Videos, Fotos, Blogbeiträge und Podcasts, für ein Publikum professionell erstellen, welches diese Inhalte konsumiert. Insbesondere im digitalen Umfeld finden sich Content Creators, die Inhalte auf verschiedenen Social-Media-Plattformen erstellen. Ziel der Content Creators ist es, ihr Publikum zu unterhalten und zu erweitern, bevor sie diese Reichweite monetarisieren.

Oftmals werden die Begriffe „Content Creator" und „Influencer" synonym verwendet. Der Begriff „Influencer" leitet sich von dem englischen Verb „to influence" ab, was so viel wie beeinflussen, einwirken oder prägen bedeutet. Ein Influencer ist eine Person, die aufgrund ihrer Präsenz in sozialen Medien oder anderen Online-Plattformen einen großen Einfluss auf das Verhalten und die Einstellungen anderer Menschen hat. Sowohl der Begriff „Content Creator" als auch „Influencer" beschreiben also Personen, die Inhalte für ein Publikum erstellen und dabei eine gewisse Reichweite erzielen. Jedoch gibt es Unterschiede in Bezug auf ihre Ziele und Herangehensweise.

Ein Content Creator erstellt primär Inhalte, um sein Publikum zu unterhalten, zu informieren oder zu inspirieren. Der Fokus liegt dabei auf der Qualität und Kreativität der Inhalte, die erzeugt werden. Die Monetarisierung der Reichweite erfolgt in der Regel über Werbeeinnahmen, Sponsoring, Affiliate-Marketing oder Verkäufe von

M. H. Dahm und J. Heydenreich, *Co-Creation in der Creator Economy*, essentials, https://doi.org/10.1007/978-3-658-44657-4_2

3

Produkten oder Dienstleistungen, die in Zusammenhang mit den erstellten Inhalten stehen. Influencer hingegen legen ihren Fokus eher auf die Beeinflussung des Verhaltens und Kaufverhaltens ihres Publikums. Sie nutzen ihre Reichweite, um Produkte und Dienstleistungen zu bewerben und haben in der Regel Kooperationen mit Unternehmen oder Marken. Dabei sind sie weniger auf die Qualität oder Kreativität der Inhalte fokussiert, sondern vielmehr darauf, ihre Zielgruppe direkt anzusprechen und zu beeinflussen.

Creator Economy

Der Begriff „Creator Economy" setzt sich übersetzt aus den Begriffen „Ersteller" und „Wirtschaft" zusammen. Die Creator Economy kann als eigenständige Branche betrachtet werden, in der Content Creators ihre Community gezielt monetarisieren. Es kann ergänzt werden, dass es sich bei der Creator Economy um eine wirtschaftliche und soziale Infrastruktur handelt, welche die Monetarisierung der Arbeit der Content Creators ermöglicht. Zu den ökonomischen Komponenten gehören die Plattformen, auf denen die Content Creators ihre Inhalte veröffentlichen und monetarisieren, die Tools, die sie zur Unterstützung nutzen und die Werbepartner, die mit den Content Creators kooperieren. Die soziale Komponente beschreibt die Communities, die Content Creators aufbauen.

Zusammenfassend kann die „Creator Economy" also als eine wirtschaftliche und soziale Infrastruktur definiert werden, die es Content Creators ermöglicht, ihre Communities durch verschiedene Plattformen, Tools und Werbepartner zu monetarisieren.

2.2   Historie der Creator Economy

In den 1990er Jahren gab es Content Creators nur im traditionellen Sinne, z. B. Autoren, Journalisten, Schauspieler und Musiker. Ohne Online-Plattformen war es für viele Kreative schwierig, eine große Fangemeinde zu erreichen, was eine unabhängige Monetarisierung erschwerte.

In den späten 1900er und frühen 2000er Jahren begann sich diese Dynamik zu ändern. Als eine Art Vorläufer sozialer Netzwerke wurde 1994 die Website Geocities ins Leben gerufen. Die Website ermöglichte es Internetnutzern, ihre eigene Homepage in einer virtuellen Stadt zu erstellen, und verfügte über Community-Funktionen wie Chats und Foren. Damit war es vielen Menschen erstmals möglich, online präsent zu sein und eigene Inhalte zu teilen. Geocities war 1999 die am dritthäufigsten besuchte Seite im World Wide Web, was zu einer Übernahme durch Yahoo führte (vgl. Milligan, 2017, S. 137 ff.)

1997 startete das erste soziale Netzwerk SixDegrees mit bis zu einer Million Nutzern. Der Dienst ermöglichte es, eigene Profilseiten zu erstellen, Freundschaftsbeziehungen zu anderen Nutzern aufzulisten und Freundeslisten anderer Nutzer zu durchsuchen. Damit war SixDegrees eines der ersten sozialen Netzwerke (vgl. Boyd & Ellison, 2007, S. 214).

1999 wurden die beiden Blogging-Plattformen LiveJournal und Blogger ins Leben gerufen. Zwar gab es schon vorher vereinzelte Blogging-Sites, aber erst ab diesem Zeitpunkt wurde das Blogging wirklich populär (vgl. Parker et al., 2022, S. 129). LiveJournal ist ein Social-Networking-Dienst, bei dem die Nutzer ein Blog, Journal oder Tagebuch führen können. Blogger ist ein Blog-Publishing-Dienst, der Multi-User-Blogs mit zeitgestempelten Einträgen ermöglicht. Diese Blogs ermöglichten es Creators zum ersten Mal, Online-Inhalte zu erstellen und eine Online-Fangemeinde zu gewinnen und zu vergrößern.

Ende der 1990er und Anfang der 2000er Jahre gab es noch keine spezialisierten Plattformen für Content-Ersteller. Die meisten Content Creators veröffentlichten ihre Inhalte auf Blogs, Websites oder in Online-Foren, wo die Möglichkeiten zur Monetarisierung begrenzt waren. Die Creator Economy befand sich daher noch in einem frühen Stadium.

In den 2000er Jahren begann das Aufkommen von Social-Media-Plattformen. Als Facebook 2004 gegründet wurde, war es ursprünglich eine Plattform, die es den Nutzern ermöglichte, ihr soziales Netzwerk online zu verwalten und mit Freunden und Familie in Kontakt zu bleiben. Im Laufe der Jahre hat sich die Plattform jedoch weiterentwickelt und bietet heute zahlreiche Möglichkeiten für Content Creators, ihre Inhalte zu teilen (vgl. Meta, 2021).

YouTube hatte auf Facebook folgend seinen Ursprung im Jahr 2005. Der Video-Sharing-Dienst bietet Content Creators die Möglichkeit, Videos hochzuladen, die Nutzer ansehen, liken, teilen und kommentieren können. Bereits 2007 bot YouTube Content Creators die Möglichkeit, ihre Videos durch Werbung zu monetarisieren (vgl. Jackson, 2011). Dies war eine wichtige Entwicklung für die Creator Economy, da sie es den Content Creators ermöglichte, mit ihren Inhalten Geld zu verdienen.

Twitter wurde 2006 gegründet und hat sich schnell zu einem wichtigen Ort für den Austausch von Ideen, Meinungen und Inhalten entwickelt. Ein großer Vorteil von Twitter (jetzt X) für Content Creators ist die Möglichkeit, schnell und einfach ein breites Publikum zu erreichen. Durch die Verwendung von Hashtags und das Verfassen von Tweets, die auf eine bestimmte Zielgruppe ausgerichtet sind, können Creators ihre Reichweite vergrößern (vgl. Murphy, 2019).

Mitte bis Ende der 2000er Jahre entwickelte sich die Creator Economy mit dem Aufkommen von Video-Sharing-Plattformen wie YouTube und Social-Media-Plattformen wie Facebook und Twitter weiter. Content Creators begannen, Videos, Blogs und andere Inhalte auf diese Plattformen hochzuladen. Die Möglichkeiten der Monetarisierung waren jedoch weiterhin noch begrenzt und beschränkten sich hauptsächlich auf Werbeeinnahmen und Sponsorenverträge. Die Geschichte der Smartphones spielt eine wichtige Rolle in der Geschichte der Creator Economy. In den frühen 2000er Jahren gab es bereits einige Mobiltelefone, die die Möglichkeit boten, Fotos und Videos aufzunehmen, aber diese Geräte waren preisintensiv und hatten einen begrenzten Funktionsumfang. Mit der Einführung des iPhones im Jahr 2007 und der Android-Smartphones ein Jahr später begann eine neue Ära der Mobilfunktechnologie. Diese Geräte verfügten über hochwertige Kameras, leistungsstarke Prozessoren und größere Bildschirme, die es den Nutzern und damit auch den Inhaltsanbietern ermöglichten, Fotos und Videos in hoher Qualität direkt auf ihren Smartphones zu erstellen und zu bearbeiten.

In den darauffolgenden 2010er Jahren kam der große Aufschwung der Creator Economy. Apps wie beispielsweise Instagram, Snapchat und TikTok wurden speziell für mobile Geräte entwickelt und bieten Content Creators eine neue Plattform, um ihre Inhalte direkt von ihren Smartphones aus zu teilen und zu bearbeiten. Die Plattform Instagram wurde im Jahr 2010 gelauncht und hat schnell an Beliebtheit gewonnen, sodass sie schon nach vier Jahren 300 Mio. und nach acht Jahren eine Milliarde User hatte (vgl. Statista, 2022). Mit der Möglichkeit, Fotos und Videos hochzuladen, konnten Creators ihre Inhalte einem breiten Publikum präsentieren und ihr Einkommen durch Sponsorings steigern. In den folgenden Jahren fügte Instagram neue Funktionen wie Stories, Highlights, Reels und IGTV hinzu, die die Möglichkeiten für Creators noch erweitern. 2022 zählt die Plattform Instagram zwei Milliarden User (vgl. Barinka, 2022).

Im Jahr 2011 wurde zudem die Plattform Twitch gelauncht, welche Creators die Möglichkeit gibt, Livestreams von Videospielen und anderen Aktivitäten zu übertragen. Twitch bietet Content Creators damit die Chance, in Echtzeit mit ihrer Community zu interagieren und durch Werbeeinnahmen, Abonnements und Spenden Geld zu verdienen. Ebenfalls im Jahr 2011 wurde die Plattform Snapchat ins Leben gerufen (vgl. O'Connell, 2020). Creators können auf dieser Plattform kurze Videos und Fotos teilen, die zügig wieder verschwinden. Snapchat ist also eine neue Art von sozialer Plattform, welche auf kurzlebigen Inhalten basiert und Content Creators die Möglichkeit gab, eine junge Zielgruppe anzusprechen.

Im Jahr 2013 wurde die Plattform Patreon gegründet, die es Creators ermöglicht, von ihren Fans eine monatliche finanzielle Unterstützung zu erhalten (vgl.

Patreon, 2023). Crowdfunding-Plattformen ermöglichen es Creators, Kapital für ihre kreativen Projekte zu beschaffen und ihr Publikum an der Finanzierung zu beteiligen.

2014 wurde Musical.ly gegründet, eine Plattform, die ihren Nutzern eine Vielzahl von Werkzeugen und Funktionen für die Erstellung und Bearbeitung ihrer Videos bot, darunter Effekte, Filter und Musikbibliotheken. Die Plattform hatte auch eine starke Community-Ausrichtung mit Funktionen, die es den Nutzern ermöglichten, einander zu folgen, Inhalte zu teilen und Kommentare auszutauschen. 2018 wurde Musical.ly von dem chinesischen Unternehmen ByteDance übernommen und mit einer anderen Social-Media-Plattform des Unternehmens, TikTok, zusammengelegt. Die neue Plattform behielt den Namen TikTok bei und ist seitdem in der Creator Economy, insbesondere bei jungen Nutzern, sehr beliebt und schnell gewachsen.

In der Creator Economy kann in den 2010er Jahren von einem großen Aufschwung gesprochen werden, da sich Content Creators durch die entstandenen Plattformen und Tools eine Community aufbauen konnten, welche sie gezielt monetarisieren konnten.

Zu Beginn der 2020er Jahre entwickelt sich die Creator Economy stark weiter. Etablierte Plattformen wie Instagram, TikTok, Twitch und YouTube haben weiter an Beliebtheit gewonnen, zählen weiterhin wachsende User-Zahlen und Umsätze und konzentrieren sich mit ihren Features vermehrt auf Content Creators. Die Corona-Pandemie hatte zudem einen erheblichen Einfluss auf die Creator Economy, da die Verbraucher mehr Zeit zu Hause verbrachten und vermehrt digitale Inhalte konsumierten. Dies stellte für viele Content Creators und Influencer eine Chance dar, da neue Zielgruppen erreicht werden konnten, um das Publikum zu erweitern.

2.3 Geschäftsmodelle und Monetarisierung

Die Creator Economy bietet heute zahlreiche Möglichkeiten, als Creator seine Inhalte zu monetarisieren. Im Folgenden werden verschiedene Geschäftsmodelle der Creator Economy betrachtet.

Das Grundprinzip eines werbefinanzierten Modells in der Creator Economy besteht darin, dass Content Creators hochwertige und attraktive Inhalte erstellen und auf eine Plattform hochladen. Diese Plattformen schalten Werbung, an der die Creators anteilig verdienen. Je mehr Aufrufe und Interaktionen ein Video oder Post erhält, desto mehr Geld verdient der Creator. Dieses Modell eignet sich also für Creators mit großer Reichweite und hohen Interaktionsraten. Plattformen wie YouTube verwenden beispielsweise ein solches Modell.

Bei einem abonnementbasierten Geschäftsmodell geben die Content Creators ihren Fans die Möglichkeit, regelmäßig für exklusiven Zugang zu Inhalten oder Vorteilen eine monatliche Gebühr zu bezahlen. Verschiedene Plattformen nutzen erfolgreich abonnementbasierte Geschäftsmodelle in der Creator Economy, wie zum Beispiel Patreon, Twitch und YouTube.

Sponsored Content in der Creator Economy bezeichnet die bezahlte Zusammenarbeit zwischen Creators und Unternehmen. Dabei erstellen Creators Inhalte, die das Produkt oder die Dienstleistung eines Unternehmens bewerben. Dies kann in Form von Videos, Posts oder anderen Medien geschehen. Der Creator erhält eine Vergütung von dem Unternehmen, während dieses von der Reichweite und Glaubwürdigkeit des Creators profitiert.

Der Aufbau einer Marke in der Creator Economy bezieht sich auf den Prozess, bei dem Content Creator Waren oder Dienstleistungen, die sie selbst entwickelt haben, direkt an ihre Zielgruppe vermarkten und verkaufen. Dies können physische Produkte wie Merchandise, Getränke, Beauty-Produkte oder digitale Produkte wie E-Books, Online-Kurse oder Software sein. Indem sie ihre Fangemeinde nutzen, um ihre Produkte zu bewerben, können Content Creators ihre Marke stärken und zusätzliche Einnahmequellen erschließen.

Affiliate-Marketing ist eine Marketingstrategie, bei der Creators Produkte oder Dienstleistungen von anderen Unternehmen bewerben und dafür eine Provision erhalten, wenn ihre Fans das beworbene Produkt kaufen oder die beworbene Dienstleistung in Anspruch nehmen. Creators können Partnerprogramme nutzen, um ihre Fans mit relevanten Produkten und Dienstleistungen zu versorgen und gleichzeitig ihr Einkommen zu erhöhen.

2.4   Marktstatistiken der Creator Economy

Die Creator Economy hat sich in den letzten Jahren zu einem bedeutenden Wirtschaftszweig entwickelt und ein beeindruckendes Wachstum erzielt. Der Gesamtmarkt der Branche wird für das Jahr 2022 auf rund 104,2 Mrd. US$ geschätzt (vgl. Influencer Marketing Hub, 2022, S. 30). Zu diesem Markt gehören Verbraucher, Unternehmer, Unternehmen, Plattformen und Werbetreibende. Im Jahr 2016 betrug der Marketingumsatz von Content Creators und Influencern rund 1,7 Mrd. US$. Im Verlauf der Jahre verzeichnete dieser Wirtschaftszweig ein kontinuierliches Wachstum. Bis zum Jahr 2022 stieg der Umsatz auf etwa

16,4 Mrd. US$ an. Es wird erwartet, dass dieser Trend im Jahr 2023 weiter anhält und einen neuen Rekordwert von etwa 21,1 Mrd. US$ erreicht (vgl. Statista.com, 2023a). Als Gründe für die steigenden Umsätze können unter anderem die wachsende Popularität von Content Creators und Influencern sowie die steigende Nachfrage nach Nähe und Authentizität von Unternehmen und ihren Produkten identifiziert werden. Die Creator Economy umfasst neben Plattformen und Werbetreibenden auch Softwareplattformen, die Influencer und Content Creators bei ihrer täglichen Arbeit unterstützen. Es wird geschätzt, dass Investoren im Jahr 2021 mehr als 1,3 Mrd. US$ an Risikokapital in die Branche investiert haben (vgl. Influencer Marketing Hub, 2022, S. 30), was auf ein hohes Maß an Vertrauen in den Sektor schließen lässt.

Neben den Umsätzen ist auch bei den Nutzerzahlen sozialer Netzwerke ein kontinuierlicher Anstieg zu verzeichnen. Im Januar 2023 lag die Zahl der Nutzer sozialer Netzwerke bei rund 4,76 Mrd. Im Jahr 2012 waren es hingegen noch rund 1,48 Mrd. (vgl. Statista.com, 2023b). Laut einem Bericht von Linktree gibt es derzeit mehr als 207 Mio. Menschen, die als Content Creator gelten. Gezählt wird dabei jeder, der Inhalte produziert und damit Geld zu verdienen versucht, unabhängig von der Plattform oder der Anzahl der Follower. Im Gegensatz dazu geht aus einem Bericht von Signalfire hervor, dass sich nur 50 Mio. als Content Creator bezeichnen. Davon sind ca. 47 Mio. Amateure und ca. 3 Mio. professionelle Vollzeit-Creators (vgl. Yuanling & Constine, 2021). Werden die 207 Mio. Creators nach der Anzahl der Follower aufgeteilt ist zu erkennen, dass knapp 80 % weniger als 10.000 Follower haben, während knapp 2 % 100.000 Follower oder mehr haben. Davon hat die Hälfte sogar mehr als eine Million Follower (vgl. Linktree, 2022, S. 5).

Ein Bericht des Influencer Marketing Hubs stellt zudem eine Aufschlüsselung des Jahreseinkommens von Content Creators auf. Es ist zu erkennen, dass 26 % der Creators ein Einkommen von weniger als 1000 US$ erzielen. Darüber hinaus verdient mehr als die Hälfte der Creators weniger als 10.000 US$. Insgesamt verdienen 10 % der Creators mehr als 100.000 US$, während weniger als 3 % ein Einkommen von mehr als 500.000 US$ generieren (vgl. Geyser, 2022). Diese Fakten lassen den Schluss zu, dass für mehr als die Hälfte der Content Creators das Einkommen nicht ausreicht, um den Lebensunterhalt zu bestreiten. Diese Creators sind daher gezwungen, nach zusätzlichen Einnahmequellen zu suchen, um ihre finanzielle Situation zu verbessern.

Die vorliegenden Statistiken verdeutlichen, dass die Creator Economy als bedeutender Wirtschaftszweig betrachtet werden kann, der erheblichen Umsatz generiert. Die aufgezeigten Zahlen belegen jedoch, dass weniger als die Hälfte der Content Creators in der Lage ist, ihren Lebensunterhalt ausschließlich durch ihre Tätigkeit als Creator zu bestreiten.

2.5 Creator Burnout

Die aufstrebende Creator Economy bietet Content Creators und Online-Influencern zahlreiche Chancen, um ihre Leidenschaft zum Beruf zu machen und mit ihrer Kreativität Geld zu verdienen. Allerdings gehen mit den vielfältigen Möglichkeiten auch Herausforderungen einher, die sich negativ auf die geistige und körperliche Gesundheit der Creators auswirken können. In den letzten Jahren ist der Begriff „Creator Burnout" immer mehr in den Vordergrund gerückt, welcher im Folgenden näher betrachtet wird.

Definition

Der Begriff „Burnout" hat seinen Ursprung in den 1970er Jahren in den USA, wo er erstmals von dem Psychotherapeuten Herbert Freudenberger verwendet wurde, um die negativen Folgen übermäßiger Belastungen in sogenannten helfenden Berufen zu beschreiben. Vor allem Ärzte, Krankenschwestern und andere Menschen, die sich uneigennützig für das Wohl anderer einsetzten, zeigten häufig Anzeichen von „Burnout". Dies äußerte sich in Erschöpfung, Überforderung und Antriebslosigkeit. Inzwischen hat der Begriff Burnout eine breitere Bedeutung erlangt und betrifft nicht nur helfende Berufe, sondern kann jeden treffen, der anhaltendem Stress und Überlastung ausgesetzt ist (vgl. Elsässer & Sauer, 2016, S. 3 ff.).

Nach dem Bundesministerium für Gesundheit äußert sich Burnout in einer Vielzahl von körperlichen und psychischen Symptomen, die als Reaktion auf anhaltenden Stress und Belastung auftreten. Als typische Anzeichen eines Burnout-Syndroms werden häufig drei Hauptbereiche von Beschwerden identifiziert: Erschöpfung, Entfremdung von der Arbeit und verminderte Leistungsfähigkeit. Burnout-Betroffene leiden häufig unter anhaltender Müdigkeit, Niedergeschlagenheit und emotionaler Erschöpfung. Auch körperliche Symptome wie Magen-Darm-Beschwerden und Schmerzen können auftreten. Zudem wird die Arbeit oft als belastend und frustrierend empfunden. Die Betroffenen distanzieren sich emotional von ihren Aufgaben, Arbeitsbedingungen und Kollegen. Darüber hinaus kommt es häufig zu einer verminderten Leistungsfähigkeit im Beruf, im Haushalt und im sozialen Umfeld. Die Betroffenen erledigen ihre Aufgaben unkonzentriert und lustlos, erleben sie als negativ und es mangelt ihnen an Ideen und Motivation.

Burnout kann durch eine Vielzahl von Faktoren ausgelöst werden. Über- oder Unterforderung, ständiger Zeitdruck, Konflikte im Arbeitsumfeld und extreme Hingabe an die Arbeit sind häufige Auslöser. Auch das Zurückstellen persönlicher Bedürfnisse zugunsten beruflicher Anforderungen kann zu Burnout führen. Beruflicher Stress ist zu einer der Hauptursachen für krankheitsbedingte Fehlzeiten geworden.

Im Gegensatz zu klar definierten Krankheitsbildern gibt es für das Burnout-Syndrom keine einheitliche Definition und keine anerkannten Diagnosekriterien. Es ist bisher weder als eigenständiges Krankheitsbild anerkannt, noch ausreichend wissenschaftlich erforscht. Es ist wichtig, zu erkennen, dass sich hinter den Symptomen des „Ausgebranntseins" auch andere Erkrankungen wie Depressionen, Angststörungen oder chronische Müdigkeit verbergen können. Eine umfassende Diagnose sollte daher verschiedene mögliche Ursachen berücksichtigen, einschließlich der Einnahme von Medikamenten und des körperlichen Gesundheitszustands (vgl. gesund.bund.de, 2021).

In der Creator Economy bezieht sich der Begriff „Burnout" auf die Überlastung und das Gefühl des Ausgebranntseins, welches speziell Content Creators erfahren. Im Folgenden werden die Symptome und Ursachen für das sogenannte „Creator Burnout" untersucht. Anschließend werden aktuelle Statistiken dargestellt.

Symptome
Viele Content Creators berichten von einem tiefen Gefühl der emotionalen Erschöpfung. Sie fühlen sich ausgebrannt, überwältigt und nicht in der Lage, ihre Emotionen zu bewältigen. Diese Erschöpfung kann sich in Form von Depressionen, Angstzuständen und Stimmungsschwankungen manifestieren. Der physische Aspekt des Burnouts kann sich in Form von Unkonzentriertheit, Müdigkeit, Schlafstörungen, Kopfschmerzen und allgemeiner körperlicher Schwäche zeigen.

Ein häufiges Symptom des Burnouts bei Content Creators ist zudem das Gefühl, dass das kreative Denken blockiert ist. Die Creators fühlen sich nicht mehr in der Lage, Ideen zu generieren oder sich für ihre Arbeit zu begeistern, selbst wenn sie dies zuvor getan haben. Diese Blockade des kreativen Denkens kann frustrierend und entmutigend sein, da Content Creators oft von ihrer Fähigkeit abhängen, kontinuierlich neue und ansprechende Inhalte zu produzieren.

Creator Burnout kann außerdem dazu führen, dass sich die Betroffenen von ihrer Arbeit entfremdet fühlen. Sie empfinden, dass das, was sie zuvor mit Begeisterung getan haben, nun zu einer Belastung geworden ist. Die Arbeit verliert ihre Bedeutung und die Verbindung zu ihr geht verloren.

Ursachen

In einem Online-Artikel der New York Times werden junge Creators beleuchtet, welche unter Creator Burnout leiden oder gelitten haben. Viele dieser Creators haben in den letzten Jahren plötzlich große Bekanntheit erlangt und fühlen sich erschöpft und überfordert von den vielen Aufgaben, die mit ihrer Tätigkeit als erfolgreiche Content Creators einhergehen. Diese Aufgaben umfassen das Erstellen von Inhalten, Bearbeiten von Videos, Interaktion mit Fans, Verhandlung von Marken-Deals und vieles mehr. Viele der Creators berichten von einem Verlust der Leidenschaft für ihre Arbeit, von Tagen, an denen sie den Prozess des Content-Erstellens regelrecht fürchten, und von den Auswirkungen auf ihre mentale Gesundheit. Die schnelle Bekanntheit auf Plattformen wie TikTok bringt einerseits Ruhm, andererseits aber auch große Unsicherheit mit sich, da der Erfolg oft flüchtig ist und ständige Anpassung und Weiterentwicklung erfordert. Die Plattformen, auf denen diese Creators aktiv sind, bieten zwar Möglichkeiten zur Interaktion und zum Austausch mit den Fans, aber sie bieten auch eine Bühne für Hass und Mobbing. Zudem erfahren die Creators einen ständigen Druck, kontinuierlich neue Inhalte zu produzieren, da ihre Karriere von der stetigen Präsenz abhängt. Dies kann zu körperlicher und emotionaler Erschöpfung führen. Einige dieser Creators haben versucht, gegen den Burnout anzukämpfen, indem sie Therapie und Coaching in Anspruch nehmen oder offener über ihre Schwierigkeiten sprechen. Sie teilen ihre Erfahrungen mit ihren Fans und versuchen, gegenseitige Unterstützung innerhalb der Creator-Community zu fördern (vgl. Lorenz, 2021).

Erste wissenschaftliche Untersuchungen haben verschiedene Ursachen für Creator Burnout identifiziert. Diese Faktoren können einzeln oder in Kombination auftreten und zur Entstehung von Burnout bei Content Creators beitragen.

Eine Ursache ist die ständige Anpassung an sich verändernde Plattformen. Die dynamische Struktur von Online-Plattformen und sozialen Medien führt dazu, dass sich Algorithmen, Richtlinien und Funktionen regelmäßig ändern. Dies erfordert von den Content Creators eine kontinuierliche Anpassung ihrer Strategien und Inhalte. Die Notwendigkeit, sich ständig an neue Plattformanforderungen anzupassen, kann zu Stress und Frustration führen, da der Erfolg der Creators oft stark von den Plattformen abhängt (vgl. Bauer, 2023, S. 7). In Umfragen gaben 72 % der Befragten an, dass die ständige Anpassung an Plattformen eine Quelle emotionaler Belastung darstellt (vgl. Reidy, 2022).

Die Erstellung qualitativ hochwertiger Inhalte erfordert Kreativität, Inspiration und Engagement. Content Creators stehen jedoch oft unter dem Zwang, ständig neuen und ansprechenden Content zu produzieren, um ihre Zielgruppen zu halten und zu erweitern. Diese dauerhafte Forderung nach neuen Inhalten kann zu Erschöpfung führen, wodurch die ursprüngliche Begeisterung und Motivation nachlassen und stattdessen Müdigkeit und Gleichgültigkeit auftreten. In einer Studie gaben 64 % der Content Creators an, dass der Druck der ständigen Content-Produktion zu ihrem Burnout beigetragen hat.

Ein weiterer Belastungsfaktor ist die Notwendigkeit, in den sozialen Medien präsent zu sein. Die Creators müssen aktiv sein und mit ihren Followern interagieren, um ihre Community zu engagieren und um ihre Reichweite zu erhöhen. Diese ständige Verfügbarkeit und die Notwendigkeit, auf Kommentare, Nachrichten und Trends zu reagieren, können zu einer Überlastung führen und die Grenzen zwischen Arbeit und Privatleben verschwimmen lassen. 58 % der Befragten fühlten sich durch die ständige Präsenz in den sozialen Medien ausgebrannt.

Content Creators sind oft auf eine engagierte und treue Community angewiesen, um ihren Erfolg und ihr Einkommen aufrechtzuerhalten. Die Angst, Follower zu verlieren oder an Attraktivität zu verlieren, kann zu einem erheblichen Druck führen. Diese Angst wurde von 47 % der Befragten als einer der Ursachen für Burnout genannt.

Finanzieller Druck wurde ebenfalls als relevanter Faktor identifiziert. Viele Content Creators sind darauf angewiesen, über ihre Plattformen Einnahmen zu generieren. Der Wettbewerb um Aufmerksamkeit, Markenpartnerschaften und monetäre Möglichkeiten kann zu einem erhöhten Druck führen, auf den Plattformen erfolgreich zu sein und finanziell zu profitieren. 44 % der Befragten gaben an, dass dieser finanzielle Druck zu einer zusätzlichen Belastung führen und das Stresslevel erhöhen kann (vgl. Reidy, 2022).

Die Welt der Online-Plattformen und sozialen Medien birgt nicht nur Chancen, sondern auch Risiken in Form von Hass und Mobbing. Content Creators können Opfer von negativen Kommentaren, Belästigungen und persönlichen Angriffen werden, die ihre psychische Gesundheit erheblich beeinträchtigen können. Der Druck, öffentlich zu agieren und sich ständig der Kritik einer globalen Community auszusetzen, kann zu einer schweren psychischen Belastung werden.

Statistiken
Um das Ausmaß von Creator Burnout in der Creator Economy besser zu verstehen, wurde vom Affiliate-Marketing-Netzwerk Awin eine Umfrage durchgeführt. Die Ergebnisse zeigen, dass Burnout unter Content Creators und Influencern weit verbreitet ist.

Es wurde festgestellt, dass 30 % der befragten Creators häufig unter den Symptomen von Creator Burnout leiden, während weitere 48 % angaben, gelegentlich davon betroffen zu sein. Insgesamt gaben 78 % der Befragten an, unter Burnout zu leiden oder schon einmal darunter gelitten zu haben. Diese Ergebnisse deuten darauf hin, dass Creator Burnout ein weit verbreitetes Phänomen ist, das erhebliche Auswirkungen auf die psychische Gesundheit der Betroffenen haben kann. Ein weiteres Ergebnis der Umfrage ist, dass 49 % der Befragten alternative Einkommensquellen nutzen, um den mit Burnout verbundenen Stress und die damit verbundenen Ängste zu lindern. Dies zeigt, dass viele Creators gezwungen sind, nach anderen Möglichkeiten zu suchen, um finanziell stabil zu bleiben und den Druck in der Creator Economy zu bewältigen.

Die Umfrageergebnisse zeigen auch, dass die von den Plattformen bereitgestellten Ressourcen zur Bewältigung von Burnout häufig als unzureichend empfunden werden. Mehr als die Hälfte der Befragten gab an, dass ihnen die bereitgestellten Ressourcen nicht helfen und sie daher andere Wege finden müssen, um mit dem Burnout umzugehen.

Des Weiteren zeigt die Umfrage, dass 53 % der Befragten angaben, dass ihre Leidenschaft für die Erstellung von Inhalten im letzten Jahr abgenommen hat (vgl. Reidy, 2022). Dies deutet darauf hin, dass der anhaltende Stress und die Belastungen des Kreativberufs die ursprüngliche Begeisterung und Motivation der Befragten beeinträchtigt haben.

Co-Creation

3

3.1 Historie der Co-Creation

Das Konzept „Co-Creation" hat seine Wurzeln in den 1960er und 1970er Jahren in Skandinavien, als im Rahmen des sogenannten „Collaborative Designs" Strategien und Techniken entwickelt wurden, mit denen Mitarbeiter Einfluss auf die Gestaltung und Nutzung von Computeranwendungen am Arbeitsplatz nehmen konnten. Als diese Methoden in den USA eingeführt wurden, passte das Wort „Cooperation" nicht zu der starken Trennung zwischen Arbeitnehmern und Managern. Daher wurde dort der Begriff „participatory" verwendet (vgl. xplane.com, 2016).

Ab 1971 führte John Heron in seinen Studien den Begriff „Collaborative Inquiry" ein, um zu beschreiben, wie wichtig es ist, *mit* statt *an* den Menschen zu forschen. Collaborative Inquiry ist eine Form der Aktionsforschung, bei der alle Beteiligten sowohl als Forscher als auch als Forschungsobjekte agieren. Durch die aktive Beteiligung aller Teilnehmer kann jede Person selbst die Initiative ergreifen und Einfluss auf den Forschungsprozess nehmen (vgl. Heron, Reason, 2020).

In den 1980er Jahren wurden Kunden als temporäre, partielle Mitarbeiter betrachtet, um Produktivität und Kundenzufriedenheit zu steigern (vgl. Mills & Morris, 1986, S. 726 ff.). Es begann der Wandel von einer güterdominierten zu einer dienstleistungsdominierten Logik im Marketing. In der früheren güterdominierten Logik lag der Schwerpunkt auf dem Austausch von Gütern wie z. B. hergestellten Produkten. In der dienstleistungsdominierten Logik hingegen treten die Produzenten mit ihren Kunden während des gesamten Prozesses des Produktdesigns, der Produktion, der Lieferung und des Konsums in einen Dialog (vgl. Vargo & Lusch, 2004, S. 1 ff.). Dieser Dialog und die Interaktion zwischen Kunden und Anbietern ist heute ein wichtiger Bestandteil der Co-Creation.

M. H. Dahm und J. Heydenreich, *Co-Creation in der Creator Economy*, essentials, https://doi.org/10.1007/978-3-658-44657-4_3

Im Jahr 2000 veröffentlichten die Professoren Prahalad und Ramaswamy von der University of Michigan im Harvard Business Review einen Artikel mit dem Titel „Co-Opting Customer Competence", in dem sie den Begriff „Co-Creation" prägten. Sie zeigten, wie eine umfassende Zusammenarbeit mit Verbrauchern aufgebaut werden kann. Es geht vor allem um den Dialog mit Kunden, um eine bessere Kundenerfahrung zu schaffen.

Eine detaillierte Ausarbeitung des Konzepts erfolgte 2004, als Prahalad und Ramaswamy in ihrem Buch „The Future of Competition: Co-Creating Unique Value with Customers" einen Überblick über die neuen funktionalen, organisatorischen, infrastrukturellen und administrativen Fähigkeiten gaben, die für den zukünftigen Wettbewerb erforderlich sein werden (vgl. Prahalad & Ramaswamy, 2004a).

Im Jahr 2006 führte Jeff Howe das Konzept des Crowdsourcings ein, das die Barrieren zwischen Verbrauchern und Unternehmen im Interesse der gemeinsamen Gestaltung weiter abbaut. Vereinfacht ausgedrückt bedeutet Crowdsourcing, dass ein Unternehmen oder eine Institution eine Aufgabe, die bisher von Mitarbeitern ausgeführt wurde, in Form eines offenen Aufrufs an ein undefiniertes Netzwerk von Personen auslagert (vgl. Howe, 2006a, S. 1 ff.).

In ihrem 2010 erschienenen Buch „The Power of Co-Creation" zeigen Ramaswamy und Gouillart eine Reihe von Beispielen auf, in denen große Unternehmen das Konzept Co-Creation erfolgreich anwenden. In dem Buch wird darauf hingewiesen, dass alle Stakeholder den Co-Creation-Ansatz unterstützen müssen, damit er funktionieren kann (vgl. Ramaswamy & Gouillart, 2010a, S. 35 ff.).

3.2   Definition Co-Creation

Das Wort Co-Creation setzt sich aus zwei Teilen zusammen: dem Präfix „Co" und dem Wort „Creation". Das Präfix „Co" „drückt in Bildungen mit Substantiven, Adjektiven und Verben ein partnerschaftliches Verhältnis, ein Mit- oder Nebeneinander aus". Das englische Wort „Creation" bedeutet übersetzt „Kreation" und bezieht sich auf etwas Geschaffenes, Erschaffenes oder Erfundenes.

Co-Creation lässt sich als interaktive Zusammenarbeit verschiedener Stakeholder in Wertschöpfungsprozessen von Unternehmen beschreiben. Das Konzept zielt darauf ab, neue Kräfte und Perspektiven freizusetzen, die von außen kommen und sich von den eigenen unterscheiden. Um dies zu erreichen, werden die externen Stakeholder mit ihren Ressourcen, wie z. B. ihrem spezifischen Wissen oder ihrer Arbeitszeit, in die Prozesse des Unternehmens integriert. Durch die

Integration der Ressourcen nehmen die Stakeholder eine aktive Rolle im Wertschöpfungsprozess ein. Dabei konzentriert sich das Konzept nicht nur auf die Integration von Kunden, sondern auch auf andere Stakeholder wie Lieferanten, Vertriebspartner oder andere Dienstleister.

3.3 Einordnung und Abgrenzung von Co-Creation

Co-Creation kann als eine Form von Open Innovation eingeordnet werden. Open Innovation ist das Gegenteil von Closed Innovation. Closed Innovation ist der klassische Innovationsprozess, bei dem die Problemlösung innerhalb des Unternehmens erarbeitet wird. Es handelt sich um einen eher geschlossenen Gesamtprozess, bei dem die Stakeholder nur bis zu einem gewissen Grad in die Wertschöpfung integriert sind. Open Innovation hingegen ist ein Ansatz zur Entwicklung neuer Ideen und Produkte, der darauf abzielt, das Innovationspotenzial eines Unternehmens durch die Einbindung externer Partner und Kunden zu erweitern. Es gibt drei Ansätze für Open Innovation: Outside-in-Prozess, Inside-out-Prozess und Coupled Process.

Der Outside-in-Prozess konzentriert sich auf die Nutzung externer Quellen zur Generierung von Innovationen. Unternehmen suchen aktiv nach Ideen und Technologien außerhalb der eigenen Organisation, um ihre Innovationsfähigkeit zu erhöhen. Dabei können z. B. Kundenfeedback, Technologie-Scouting an Universitäten und Partnerschaften mit Unternehmen als Innovationsquellen dienen.

Im Gegensatz dazu werden beim Inside-out-Prozess Informationen und Wissen aus dem Unternehmen ausgelagert. Ziel ist es, interne Ressourcen, Kompetenzen und Technologien in anderen Märkten oder Branchen zu vermarkten, um neue Wachstumspotenziale zu erschließen.

Der Coupled Ansatz kombiniert die beiden Ansätze, um das Innovationspotenzial zu maximieren. Externe Informationen werden in interne Innovationsprozesse integriert und umgekehrt werden interne Daten und Informationen nach außen getragen. Der Coupled Process ermöglicht eine enge Zusammenarbeit zwischen Unternehmen und externen Partnern wie Kunden, Lieferanten oder Forschungseinrichtungen, um gemeinsam innovative Ideen und Konzepte zu entwickeln (vgl. Faber, 2008, S. 37 f.; Howe, 2006b).

Open Innovation geht über Co-Creation hinaus, indem nicht nur Kunden, sondern auch externe Experten, Studierende und sogar Wettbewerber in die Entwicklung von Geschäftsmodellen, Produkten und Dienstleistungen einbezogen werden.

Das Co-Creation-Konzept ähnelt dem Crowdsourcing (der Begriff wurde 2006 von Jeff Howe eingeführt), das Organisationen ermöglicht, Funktionen an ein unbestimmtes Netzwerk auszulagern. Der Unterschied zwischen Crowdsourcing und Co-Creation besteht darin, dass Crowdsourcing Funktionen an eine große Anzahl von Menschen auslagert, während bei Co-Creation Werte gemeinsam geschaffen werden. Die Zusammenarbeit konzentriert sich größtenteils auf Kunden, nicht auf ein allgemeines Netzwerk (vgl. Howe, 2006a, S. 1 ff.).

Im Kontext von Co-Creation wird oft auch Co-Design genannt, ein Designprozess, bei dem eine Gruppe gemeinsam Erfahrungen, Meinungen und Perspektiven einbezieht, um ein gemeinsames Verständnis und optimales Ergebnis zu erzielen. Während Co-Creation den gesamten Prozess der Wertschöpfung zwischen Unternehmen und Kunden anspricht, fokussiert sich Co-Design spezifisch auf die Designphase, kann jedoch ein integraler Teil des Co-Creation-Prozesses sein.

3.4   Arten von Co-Creation

In diesem Abschnitt werden zwei Ansätze zur Kategorisierung von Co-Creation vorgestellt, um einen Überblick über die vielfältigen Erscheinungsformen zu ermöglichen.

Klassifizierung nach O'Hern und Rindfleisch

O'Hern und Rindfleisch schlagen in ihrem Artikel „Customer Co-Creation: A Typology and Research Agenda" eine Kategorisierung von Co-Creation vor, die auf den Dimensionen „Contribution Activity" und „Selection Activity" basiert. Dabei ergeben sich vier Typen: Collaborating, Tinkering, Co-Designing und Submitting.

* **Collaborating:** Enge Zusammenarbeit zwischen Unternehmen und Kunden während des gesamten Prozesses, mit einem regen Austausch von Ideen.
* **Tinkering:** Iterativer und experimenteller Ansatz, bei dem Kunden Produkte testen, anpassen und neue Ideen einbringen können. Die Auswahl der Beiträge erfolgt durch das Unternehmen.
* **Co-Designing:** Ausgewählte Kunden agieren als Co-Designer, während eine größere Gruppe darüber entscheidet, welche Entwürfe produziert werden. Klare Vorgaben für die Einreichung.
* **Submitting:** Kunden übermitteln direkt Ideen für neue Produkte an das Unternehmen. Das Unternehmen behält die volle Kontrolle über den Auswahlprozess (vgl. O'Hern & Rindfleisch, 2010, S. 89)

Klassifizierung nach Pater

Pater präsentiert eine Klassifizierung basierend auf den Dimensionen „Openess" und „Ownership", die zu vier Typen führt: Club of Experts, Crowd of People, Coalition of Parties und Community of Kindred Spirits.

- **Club of Experts:** Spezifische Auswahl von Teilnehmern, Verantwortung liegt beim Unternehmen. Geeignet für zeitkritische Herausforderungen, die Expertenwissen erfordern.
- **Crowd of People (Crowdsourcing):** Offene Beteiligung, Verantwortung liegt beim Unternehmen. Ziel ist es, die Masse für innovative Lösungen zu nutzen.
- **Coalition of Parties:** Auswahl der Teilnehmer, gemeinsame Verantwortung von Teilnehmern und Unternehmen. Vorteilhaft in komplexen Situationen, um Ressourcen zu teilen.
- **Community of Kindred Spirits:** Offene Beteiligung und gemeinsame Verantwortung aller Beteiligten, insbesondere relevant für Projekte zum Gemeinwohl (vgl. Pater, 2009, S. 2 f.).

3.5   Erfolgsfaktoren der Co-Creation

Im Folgenden werden zwei unterschiedliche Ansätze vorgestellt, die die Voraussetzungen für eine erfolgreiche Co-Creation darstellen.

Die vier Prinzipien der Co-Creation

Ramaswamy und Gouillart betonen in ihrem Artikel „Building the Co-Creative Enterprise" vier Grundprinzipien der Co-Creation. Erfolgreiche Co-Creation erfordert, dass alle Stakeholder einen Mehrwert in der Zusammenarbeit sehen. Psychologische Faktoren wie Wertschätzung und ökonomische Faktoren wie höheres Einkommen spielen dabei eine Rolle. Zudem sollte sich Co-Creation auf die Erfahrungen aller Stakeholder konzentrieren, indem lohnende Erfahrungen für Kunden, Mitarbeiter und andere Stakeholder geschaffen werden. Die direkte Kommunikation zwischen den Stakeholdern ist ein weiterer entscheidender Faktor. Hierbei wird empfohlen, hierarchische und sequentielle Arbeitsweisen zu vermeiden, um den Dialog zu fördern. Unternehmen sollten Plattformen schaffen, auf denen Stakeholder direkt miteinander kommunizieren können, um ein besseres Verständnis für Probleme und Prioritäten zu entwickeln (vgl. Ramaswamy & Gouillart, 2010b, S. 4 ff.)..

DART-Modell

Prahalad und Ramaswamy präsentieren das DART-Modell mit den Komponenten Dialogue, Access, Risk/Benefit und Transparency. Der Dialog auf Augenhöhe, beispielsweise in Foren, fördert eine interaktive Zusammenarbeit. Zugang zu Informationen und Werkzeugen des Unternehmens ermöglicht Kunden eine Teilnahme am Wertschöpfungsprozess. Eine kontinuierliche Risikobewertung ist entscheidend, wobei alle relevanten Informationen für Kunden und Unternehmen zugänglich sein sollten. Transparenz, also die offene, ehrliche und vollständige Bereitstellung von Informationen, schafft Vertrauen zwischen Unternehmen und Kunden.

Die Faktoren des DART-Modells sollten nicht isoliert betrachtet werden, sondern miteinander verknüpft sein. Kunden treffen fundierte Entscheidungen durch den Zugang zu klaren Informationen. Verständliche Kommunikation verbessert die Entscheidungsfindung, indem Kunden das Risiko-Nutzen-Verhältnis richtig einschätzen können. Online-Plattformen ermöglichen den Austausch und die Bewertung von Ideen zwischen Unternehmen und Kunden. Eine Vertrauensbasis zwischen Unternehmen und Verbrauchern wird durch klare Informationen geschaffen (vgl. Prahalad & Ramaswamy, 2004b, S. 5 ff.).

3.6   Best-Practice-Beispiele

In diesem Abschnitt werden drei Best-Practice-Beispiele für das Konzept „Co-Creation" aufgezeigt.

Lego

Lego ist ein Spielzeughersteller mit Hauptsitz in Billund, Dänemark, der vor allem Steckbausteine aus Kunststoff herstellt. Anfang der 2000er Jahre befand sich das Unternehmen in einer schwierigen finanziellen Lage, die auf die Verwässerung der Marke, die übermäßige Ausweitung der Produktpalette und die Abwanderung traditioneller Kunden zurückzuführen war. Im Jahr 2008 wurde Lego Cuusoo gegründet und 2014 unter dem Namen Lego Ideas neu aufgelegt. Lego Ideas ist eine von Chaordix und der Lego-Gruppe betriebene Website, auf der Nutzer Ideen für Lego-Produkte einreichen können, die dann potenziell in im Handel erhältliche Sets umgesetzt werden. Die Nutzer beschreiben ihre Ideen schriftlich und fügen ein Lego-Modell hinzu, um das Konzept zu veranschaulichen. Sobald die Projektseite veröffentlicht ist, kann sie von anderen Nutzern eingesehen werden. Ziel eines jeden Projekts ist es, die Unterstützung von 10.000 verschiedenen Nutzern zu erhalten, um für eine Prüfung infrage zu kommen. Anfangs blieben die Projekte bis zu zwei Jahre

auf der Website und wurden dann entfernt, wenn das Projekt nicht die erforderli-
chen 10.000 Unterstützerstimmen erhielt. Später änderte Lego Ideas die Schwelle
und verlangte nun eine Mindestzahl von 100 Stimmen in den ersten 60 Tagen nach
der Einreichung, andernfalls würde das Projekt verfallen. Das Projekt hätte dann
ein Jahr Zeit, um 1000 Stimmen zu erhalten, weitere sechs Monate, um 5000 Stimmen zu erhalten und schließlich sechs Monate, um 10.000 unterstützte Stimmen zu
erhalten. Wenn ein bestimmter Vorschlag 10.000 Unterstützer findet, wird er offizi-
ell vom Lego-Team geprüft, um möglicherweise ein neues Produkt zu entwickeln
(vgl. Iglesias, 2018; Worlikar, 2022).

Obwohl Lego letztendlich entscheidet, welche Ideen es wert sind, produziert zu
werden, hilft die Community, Ideen einzubringen, auszuwählen und zu unterstützen.
Der hier verwendete Co-Creation-Typ kann nach Pater als „Crowd of People", auch
bekannt als „Crowdsourcing", bezeichnet werden.

DHL

DHL ist ein deutsches Logistikunternehmen, das in den USA gegründet wurde
und Kurier-, Paket- und Expressdienste anbietet. Das Unternehmen ist ein Beispiel
dafür, wie Co-Creation nicht nur bei der Herstellung von Produkten, sondern auch im
Dienstleistungssektor eingesetzt werden kann. DHL stellte fest, dass seine Kunden
bei der Neuausrichtung ihrer Lieferketten mithelfen wollten, um die Unternehmens-
leistung zu verbessern. Das Unternehmen sah darin eine große Herausforderung,
da es in der Regel mit sehr komplexen globalen Lieferketten arbeitet. Dennoch
entschied sich das Unternehmen, den Weg der Co-Creation mit den Kunden zu
gehen, da DHL erkannt hat, dass Innovation kundenorientiert sein muss. Die Umsetzung erfolgt, indem Kunden und ihre DHL-Servicepartner in eigens eingerichteten
Innovationszentren in Deutschland, Singapur und den USA zu Workshops zusammenkommen, um Best Practices auszutauschen und Mehrwert zu schaffen. Ziel ist
es, intensive praktische Workshops durchzuführen, in denen technologische, wirtschaftliche, soziopolitische und kulturelle Trends erforscht und verstanden werden,
um neue Wege für das Management von Lieferketten und Logistik zu entwickeln.
Mithilfe einer bewährten Methodik zur Szenarienplanung nimmt DHL seine Kunden
mit auf eine Zeitreise, die in vier Quadranten zeigt, wie die Welt im Jahr 2050 ausse-
hen könnte. Die Quadranten unterscheiden sich radikal voneinander; ein Quadrant
ist immer ein Weltuntergangsszenario und sein Gegenteil eine perfekte Welt. Die
Stärke der Szenarioplanung liegt darin, dass sie Denkweisen aufbricht. Das gemeinsame Team „wandert" dann rückwärts von 2050 bis 2020, was eine Plattform für
spezifische Trendlinien, Kernkompetenzen und zu lösende Probleme bietet. Von
dort aus entwickelt das gemeinsame Team Lösungen und Ansätze. Eine der umge-
setzten Ideen aus dem Co-Creation-Prozess ist Parcelcopter, ein Forschungsprojekt

zur Drohnenlieferung, das Unternehmen in Zukunft ermöglichen könnte, reaktions-
schneller, flexibler und kostengünstiger zu werden. Die Co-Creation-Bemühungen
von DHL haben auch dazu beigetragen, die Kundenzufriedenheit auf über 80 % zu
steigern, was zu einer höheren Kundenbindung geführt hat. Darüber hinaus konnten
die Lieferzeiten für einige Sendungen durch Crowdsourcing-Technologien drastisch
verkürzt werden (vgl. Crandell, 2016).

Das DHL-Beispiel kann nach Pater dem Co-Creation Typ „Club of Experts"
zugeordnet werden. DHL wählt die Teilnehmer für den Co-Creation-Prozess sehr
spezifisch aus. Zudem liegt die Verantwortung für den Prozess bei DHL.

IKEA
Der schwedische Konzern IKEA mit Hauptsitz in den Niederlanden entwickelt
und vertreibt vormontierte Möbel, Küchengeräte, Wohnaccessoires, Dekoratio-
nen und verschiedene andere Haushaltsprodukte. Im Frühjahr 2018 startete das
Unternehmen die digitale Plattform „Co-Create IKEA", welche Kunden und Fans
dazu anregen soll, neue Produkte zu entwickeln. Die IKEA Co-Creation-Plattform
konzentriert sich auf fünf spezifische Bereiche: Produktideen, Universitätskoope-
rationen, Start-ups, Innovationslabore und Makerspaces. Im Modul Produktideen
lädt IKEA eine Vielzahl von Menschen ein, an der Gestaltung von Produkten und
zukünftigen Produktlinien mitzuwirken. Auf diese Weise lernt das Unternehmen
die Bedürfnisse seiner Kunden besser kennen und die Verbraucher haben die Möglichkeit, ihre Meinung zu den Produkten zu äußern, die sie verwenden werden.
IKEA arbeitet zudem mit Universitäten und Start-ups zusammen, um ungenutzte
Potenziale zu identifizieren und innovative Ideen zu erforschen. Darüber hinaus
hat IKEA mit der Einführung von Innovationslaboren die Zusammenarbeit mit
bestehenden Communities und Laboren auf der ganzen Welt verstärkt, um neue
Ideen und Erkenntnisse auszutauschen. Des Weiteren hat das Unternehmen mit dem
Makerspace eine Prototypenwerkstatt eingerichtet, in der Produktentwickler, Desi-
gner, Innovatoren, Zulieferer und viele andere Interessierte zusammenkommen, um
gemeinsam an zukünftigen Produkten oder Innovationen zu arbeiten (vgl. Harvard
Business School, 2018).

Nach Pater lässt sich IKEAs Co-Creation den Typen „Club of Experts" und
„Crowd of People" zuordnen. Durch die Community und durch Experten werden
Ideen eingebracht. Die Auswahl der Produkte und die Verantwortung für den Prozess
liegen aber bei IKEA.

Co-Creation in der Creator Economy 4

4.1 Bestehende Co-Creation-Funktionen auf Social-Media-Plattformen

Im Folgenden werden verschiedene Funktionen von Social-Media-Plattformen vorgestellt, die Creators für Co-Creation nutzen können.

YouTube bietet eine Reihe von Funktionen, die Content Creators dabei helfen, mit ihren Fans zusammenzuarbeiten. Eine solche Funktion ist die Kommentarfunktion, die es Fans ermöglicht, Feedback und Vorschläge zu hinterlassen, die Content Creators wiederum nutzen können, um ihre Arbeit zu verbessern. Zudem können Fans bei YouTube Live in einem Livestream über einen Chat mit ihrem Creator kommunizieren. YouTube bietet auch die Möglichkeit, Umfragen und Abstimmungen zu erstellen, um Fans direkt in die Entscheidungsfindung einzubeziehen.

Auch Instagram hat Features, um die Zusammenarbeit zwischen Content Creators und ihren Fans zu fördern. Neben der Kommentarfunktion unter Beiträgen wie Fotos und Videos können Instagram-Storys dazu genutzt werden, Fans in den Content-Erstellungsprozess einzubeziehen, indem sie ihnen ermöglichen, Fragen zu stellen, Anregungen zu geben und über Inhalte abzustimmen. Instagram bietet auch die Möglichkeit, Live-Streams durchzuführen, die Fans nutzen können, um direkt mit dem Content Creator zu interagieren.

Auch TikTok hat eine Menge an Features, welche es Content Creators ermöglichen mit der Community zu interagieren. Wie bei den anderen Plattformen auch gibt es die Kommentarfunktion unter Beiträgen. Content Creators können zudem Sounds hochladen, mit denen die Community eigenständig kreativ werden kann. Zudem können Fans, wenn es der Content Creator zulässt, ein Video duetten. Ein Duett auf TikTok ist eine Funktion, die es einem Fan ermöglicht, mit einem

M. H. Dahm und J. Heydenreich, *Co-Creation in der Creator Economy*, essentials, https://doi.org/10.1007/978-3-658-44657-4_4

anderen Content Creator zu interagieren, indem er sein Video teilt und es mit einem eigenen Video kombiniert. Mit der Duett-Funktion können Nutzer ein Video erstellen, das sowohl ihr eigenes Video als auch das Video des Content Creators enthält.

Co-Creation auf Twitch kann auf verschiedene Arten stattfinden. Eine Möglichkeit ist der Live-Chat, der es Fans ermöglicht, während des Live-Streams Feedback zu geben und ihre Ideen zu teilen. Durch die Interaktion mit dem Content Creator können Fans Vorschläge für zukünftige Inhalte machen, Fragen stellen oder einfach nur ihre Meinung teilen. Eine weitere Möglichkeit für Co-Creation auf Twitch sind Abstimmungen. Content Creators können Abstimmungen in ihrem Stream einbinden, um ihre Fans dazu aufzufordern, über bestimmte Themen oder Entscheidungen abzustimmen. Ein weiteres Tool, das für Co-Creation auf Twitch genutzt werden kann, ist Guest Star. Content Creators können andere Twitch-Streamer oder Zuschauer einladen, gemeinsam zu streamen. Dies ermöglicht es beiden Parteien, ihre Fähigkeiten und Ideen zu teilen.

Ein weiteres Tool, das oft von Content Creators genutzt wird, um mit ihren Fans zusammenzuarbeiten, ist Discord. Discord ist eine Plattform, die es Content Creators ermöglicht, private Server zu erstellen, auf denen sie mittels Funktionen wie Sprach- und Video-Chat, Dateiübertragungen und Instant Messaging direkt mit ihren Fans kommunizieren können.

4.2   Entwicklung eines Co-Creation-Modells in der Creator Economy

In Kap. 2 wurde herausgestellt, dass mehr als 50 % der Content Creators nicht von ihren Einnahmen leben können. Zudem hatten schon 72 % Anzeichen von Creator Burnout. In diesem Abschnitt wird ein Konzept für eine Co-Creation-Plattform vorgestellt, die die Zusammenarbeit zwischen Content Creators und ihrer Community ermöglicht. Das Tool bietet Funktionen und Möglichkeiten für die gemeinsame Entwicklung von Content, Interaktion und Belohnung innerhalb einer Community. Der Fokus liegt darauf, wie dieses Tool den Content Creators verschiedene Vorteile wie erhöhtes Engagement, erweiterte Reichweite, verbesserte Content-Qualität und Monetarisierungsmöglichkeiten bieten kann.

Das Modell der Co-Creation-Plattform ist in Abb. 4.1 dargestellt. Die Plattform bietet Community-Mitgliedern die Möglichkeit, gegen eine regelmäßige Zahlung ein Abonnement abzuschließen und dadurch Interaktionsmöglichkeiten mit dem Creator exklusive Vorteile zu erhalten. Die Plattform bietet den

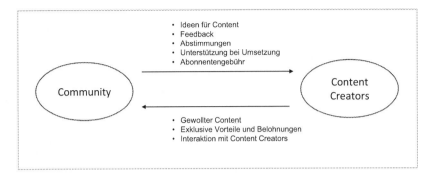

Abb. 4.1 Modell Co-Creation-Plattform in der Creator Economy

Community-Mitgliedern verschiedene Abonnementoptionen an. Diese Optionen können unterschiedliche Preise, Laufzeiten und Vorteile beinhalten, um den Bedürfnissen und Präferenzen der Community gerecht zu werden. Auf diese Weise können Content Creators eine stabile Einnahmequelle generieren.

Tools und Funktionen
Die Plattform bietet verschiedene Möglichkeiten zur gemeinsamen Ideenfindung, Planung und Umsetzung von Inhalten. Sie ermöglicht den Austausch von Vorschlägen, Feedback und die Abstimmung über bevorzugte Inhalte. Ziel der Plattform ist es, einen interaktiven Raum für den Content Creator und die Community zu schaffen. Dazu stehen dem Content Creator folgende Werkzeuge zur Verfügung:

- Der Ideenpool ermöglicht es dem Content Creator und der Community, Ideen für zukünftige Inhalte zu sammeln und auszutauschen. Community-Mitglieder können Vorschläge einreichen oder auf bestehende Ideen reagieren und diese bewerten. Es werden Mechanismen bereitgestellt, die es den Community-Mitgliedern ermöglichen, Feedback zu den vorgeschlagenen Inhalten zu geben. Sie können Kommentare abgeben, Verbesserungsvorschläge machen oder ihre Meinung zu bestimmten Aspekten der Inhalte äußern.
- Abstimmungsfunktionen ermöglichen es den Community-Mitgliedern, über die besten Ideen oder vorgeschlagenen Inhalte abzustimmen. Dies hilft den Content Creators, die Präferenzen und Interessen ihrer Community besser zu verstehen und Inhalte zu erstellen, die auf breite Zustimmung stoßen.
- Kollaborationswerkzeuge bieten Funktionen für die Zusammenarbeit zwischen den Content Creators und der Community. Sie ermöglichen die gemeinsame

Bearbeitung von Inhalten, die gemeinsame Nutzung von Ressourcen und die Kommunikation in Echtzeit, um die Entwicklung von Inhalten effizient und reibungslos zu gestalten.

• Die Diskussionsforen stellen diskussionsbasierte Foren zur Verfügung, in denen die Community-Mitglieder untereinander und mit den Content Creators interagieren können. Hier können sie Gedanken, Ideen und Meinungen austauschen, Fragen stellen und Feedback geben.

• Live-Chats ermöglichen es den Content-Erstellern, in Echtzeit direkt mit ihrer Community zu interagieren. Dies schafft eine unmittelbare Verbindung und fördert das Engagement der Zuschauer, da sie direktes Feedback und Antworten erhalten.

• Die Analyse- und Reportingfunktionen des Co-Creation-Tools bieten den Content Creators Einblicke und Daten, um den Erfolg ihrer Co-Creation-Initiativen zu bewerten und ihre Strategien zu optimieren. Das Tool sammelt und analysiert Daten zu verschiedenen Leistungsindikatoren wie Aufrufe, Likes, Kommentare und geteilte Inhalte. Content Creators erhalten detaillierte Einblicke in die Performance ihrer Co-Creation-Inhalte, um den Erfolg zu messen und Trends zu erkennen.

Belohnungssystem

Das Belohnungssystem der Plattform soll die Beteiligung und das Engagement der Community-Mitglieder fördern. Es dient als Anreiz für eine kontinuierliche Teilnahme und trägt zur Stärkung der Bindung innerhalb der Community bei.

Folgende Belohnungen stehen zur Verfügung:

• Als Teil des Abonnements erhalten zahlende Community-Mitglieder exklusiven Zugang zu speziellen Inhalten, die nur für Abonnenten verfügbar sind. Diese exklusiven Inhalte können Premium-Videos, Bonusmaterial, exklusive Blog-Beiträge oder erweiterte Tutorials umfassen. Die Bereitstellung dieser exklusiven Inhalte bietet zahlenden Mitgliedern einen Mehrwert und motiviert sie, Teil des Abonnementmodells zu bleiben. Neben exklusiven Inhalten und Interaktionsmöglichkeiten erhalten zahlende Abonnenten weitere Vorteile. Diese können Rabatte auf Merchandising-Produkte, bevorzugten Zugang zu neuen Produkten oder Veranstaltungen, exklusive Werbegeschenke oder andere privilegierte Angebote umfassen.

• Das Tool verwendet ein Punktesystem, um die Aktivität und Beteiligung der Community-Mitglieder zu erfassen und zu belohnen. Je nach Aktivität sammeln die Mitglieder Punkte, die sie später gegen exklusive Vorteile, Zugang zu Premium-Inhalten oder andere Belohnungen eintauschen können.

- Darüber hinaus haben Community-Mitglieder die Möglichkeit, durch das Sammeln von Punkten in höhere Level aufzusteigen. Mit jedem erreichten Level werden zusätzliche Vorteile und Privilegien freigeschaltet, wie z. B. der exklusive Zugang zu speziellen Veranstaltungen oder erweiterte Interaktionsmöglichkeiten innerhalb der Plattform.

4.3 Evaluierung des Co-Creation-Modells im Kontext theoretischer Modelle erfolgreicher Co-Creation

Evaluierung

In Abschn. 3.5 wurden die vier Prinzipien der Co-Creation nach Ramaswamy und Gouillart vorgestellt. Nachfolgend wird überprüft, ob das entworfene Modell diese Prinzipien einhält.

Das entworfene Co-Creation-Modell zielt darauf ab, allen Beteiligten einen Mehrwert zu bieten. Die Community-Mitglieder erhalten die Möglichkeit, aktiv an der Erstellung von Inhalten teilzunehmen und mit dem Content Creator zu interagieren. Zusätzlich haben sie Zugang zu exklusiven Vorteilen wie exklusiven Inhalten, Chats und Veranstaltungen. Für den Content Creator bietet die Co-Creation-Plattform die Möglichkeit, von den Ideen, dem Feedback und der Expertise der Community zu profitieren, um hochwertigen und zielgerichteten Content zu erstellen. Dies kann zu einer Steigerung der Produktivität, des Engagements und letztendlich zu einem höheren Einkommen führen.

Die Plattform konzentriert sich auf die Schaffung lohnender Erfahrungen für alle Stakeholder. Durch die aktive Einbeziehung der Community in den Inhaltsentwicklungsprozess wird ein umfassenderes Verständnis der Bedürfnisse, Vorlieben und Erwartungen der Zielgruppe ermöglicht. Dies ermöglicht es dem Content Creator, Inhalte zu erstellen, die auf die spezifischen Anforderungen der Community zugeschnitten sind und somit eine optimale Erfahrung bieten. Die direkte Interaktion zwischen den Stakeholdern fördert den Austausch von Wissen, die Zusammenarbeit und die Gestaltung innovativer Lösungen.

Auf der Co-Creation Plattform für Content Creator und deren Community soll die direkte Kommunikation zwischen den Stakeholdern gefördert werden. Die Plattform ermöglicht es den Community-Mitgliedern, direkt mit dem Content Creator und anderen Mitgliedern zu kommunizieren, Ideen auszutauschen, Feedback zu geben und Fragen zu stellen. Dies schafft eine offene und transparente Umgebung, in der ein kontinuierlicher Dialog stattfinden kann. Durch direkte Kommunikation können Missverständnisse vermieden, Bedenken angesprochen und Lösungen gemeinsam entwickelt werden.

Alle Funktionen und Tools befinden sich auf einer Plattform, welche über das Internet abrufbar ist. Diese Plattform dient als zentraler Ort, an dem die Community-Mitglieder und der Content Creator zusammenkommen können. Die Plattform ermöglicht den Nutzern das Verfassen von Beiträgen, Kommentaren und Bewertungen, um ihre Ideen, Meinungen und Vorschläge zu teilen. Durch die Nutzung der Plattform als gemeinsame Basis werden die Zusammenarbeit und der Austausch erleichtert.

In Abschn. 3.5 wurde auch das DART-Modell von Prahalad und Ramaswamy vorgestellt. Im Folgenden soll überprüft werden, ob das in Abschn. 4.2 entworfene Modell in der Theorie einer erfolgreichen Co-Creation gerecht wird. Das Modell ermöglicht einen Dialog zwischen den Content Creators und der Community. Durch die Co-Creation-Plattform wird ein direkter Austausch von Ideen, Feedback und Vorschlägen zwischen den Nutzern und dem Content Creator ermöglicht. Der Dialog schafft eine offene Kommunikation, in der beide Seiten ihre Bedürfnisse und Erwartungen teilen können. Dies kann durch Funktionen wie Kommentarsysteme, Foren, Live-Chats oder Umfragen auf der Plattform unterstützt werden. Die Co-Creation-Plattform bietet den Nutzern Zugang zu interaktiven Funktionen, exklusiven Inhalten und der Möglichkeit, aktiv an der Erstellung von Inhalten teilzunehmen. Der Zugang zu solchen Möglichkeiten und Ressourcen wird durch Abonnements geregelt. Das Modell stellt sicher, dass die Plattform leicht zugänglich ist und den Nutzern einen nahtlosen Zugang zu den Co-Creation-Funktionen bietet. Auf der Plattform können die Content Creators transparent Informationen für Projekte und Analysen teilen, was alle Stakeholder zur Bewertung von Risiken ermutigt.

Insgesamt zeigt sich, dass das entworfene Co-Creation-Modell in der Theorie den Anforderungen und Prinzipien erfolgreicher Co-Creation gerecht wird. Es fördert die Zusammenarbeit, schafft Mehrwert und ermöglicht einen effektiven Dialog zwischen den Stakeholdern.

Einordnung

Das zuvor beschriebene Modell wird im Folgenden anhand der in Abschn. 3.4 vorgestellten Modelle klassifiziert, bevor es in Kap. 5 durch eine Befragung überprüft wird.

Basierend auf der Klassifizierung von Pater lässt sich das entworfene Modell als „Coalition of Parties" klassifizieren. Der Grund dafür ist, dass es bestimmte Gruppe von Stakeholdern einbezieht, nämlich die Community-Mitglieder und den Content Creator. Die Verantwortung für den Co-Creation-Prozess liegt sowohl beim Content-Ersteller als auch bei den Community-Mitgliedern. Beide Parteien bringen ihre spezifischen Fähigkeiten, Ideen und Ressourcen ein, um gemeinsame Ziele zu erreichen, nämlich die Erstellung hochwertiger Inhalte und die Bereitstellung einer wertvollen Co-Creation-Umgebung. Es wird eine Koalition gebildet, um den Austausch von Wissen, die Zusammenarbeit und die Schaffung von Wettbewerbsvorteilen zu fördern.

Basierend auf den Typologien nach O'Hern und Rindfleisch kann das entworfene Modell dem Typ „Co-Designing" zugeordnet werden. Bei dieser Form der Co-Creation agiert eine ausgewählte Gruppe von Kunden als Co-Designer und erstellt Produktentwürfe für das Unternehmen. Gleichzeitig hat eine größere Gruppe von Kunden die Möglichkeit, über die Auswahl der Entwürfe zu entscheiden. Im Co-Design-Prozess gibt es klare Vorgaben und Strukturen für die Einreichung der Beiträge, was darauf hinweist, dass es sich um einen Prozess mit festen Beiträgen handelt. Das Unternehmen behält die Kontrolle über den Auswahlprozess und trifft die Entscheidungen über die Produktion der ausgewählten Entwürfe. Dies ermöglicht eine effektive Zusammenarbeit zwischen dem Unternehmen und den Kunden, um innovative Produktideen zu entwickeln und umzusetzen.

Zusammenfassend kann festgestellt werden, dass das in Abschn. 4.2 entwickelte Co-Creation-Modell die Anforderungen und Prinzipien erfolgreicher Co-Creation in der Theorie erfüllt und erfolgreich in die Theorie eingeordnet werden kann. Im nächsten Kapitel wird das Modell einem Praxistest unterzogen. Dazu wird eine Umfrage durchgeführt, um die tatsächliche Wirksamkeit zu ermitteln.

Methodik

Durch die Befragung können genaue Messungen des aktuellen und potenziellen Konsums in Minuten erfasst werden, die sich leicht statistisch analysieren lassen. Durch die Anwendung statistischer Methoden kann die Beziehung zwischen der Mitgestaltung von Inhalten und dem Konsumverhalten auf signifikante Zusammenhänge überprüft werden. Die Effizienz der Datenerhebung wird zudem durch eine Online-Umfrage gewährleistet, die eine breite Teilnahme von Personen aus verschiedenen geographischen Regionen ermöglicht, ohne dass eine physische Anwesenheit erforderlich ist.

Fragebogenkonstruktion

Die Befragten wurden gebeten anzugeben, welche Arten von Inhalten sie konsumieren, darunter Short Clips (z. B. TikTok-Videos, Instagram Reels, YouTube Shorts), Videos (z. B. YouTube-Videos), Livestreams (z. B. Twitch und YouTube-Livestreams) und Podcasts. Diese Frage diente als Filter, um später spezifische Informationen zu den Konsumgewohnheiten der einzelnen Content-Typen zu erhalten.

Im nächsten Abschnitt wurden die Befragten gebeten, die durchschnittliche tägliche Nutzungszeit für die zuvor ausgewählten Content-Typ jeweils in Minuten anzugeben. Ein Szenario wurde präsentiert, in dem sich die Befragten vorstellen sollten, dass sie die konsumierten Inhalte durch Abstimmungen und Vorschläge mitgestalten können. Die Befragten wurden gebeten anzugeben, wie viele Minuten pro Tag sie den Content konsumieren würden, wenn sie aktiv an der Gestaltung der Inhalte beteiligt wären.

Am Ende des Fragebogens wurde den Befragten ein weiteres Szenario präsentiert: die Möglichkeit, Mitglied bei ihrem Lieblings-Creator zu werden und exklusiv über den Content mitzubestimmen. Hier sollten die Befragten ihre Zahlungsbereitschaft angeben, um die Bedeutung dieser Einflussmöglichkeit monetär zu bewerten.

Stichprobe

Es konnten 312 vollständig ausgefüllte Fragebögen für die Auswertung herangezogen werden. Hinsichtlich der Geschlechterverteilung der Teilnehmer ergab sich folgendes Bild: 245 männliche Teilnehmer, 63 weibliche Teilnehmer und 4 Personen, die sich als divers identifizierten.

Hinsichtlich des Alters zeigte sich, dass die Altersgruppe zwischen 18 und 24 Jahren mit 136 Teilnehmern die größte Gruppe darstellte. Die zweitgrößte Gruppe war die Gruppe der 25 bis 34jährigen.

In Bezug auf die Konsumgewohnheiten der Teilnehmer ergaben sich folgende Ergebnisse: 86,3 % der Befragten gaben an, regelmäßig Videos zu konsumieren, 82,7 % konsumieren regelmäßig Short Clips, 51,1 % konsumieren regelmäßig Livestreams und 34,5 % konsumieren regelmäßig Podcasts.

Bei der Frage nach der bevorzugten Plattform gaben 40,6 % der Befragten an, am häufigsten Inhalte auf YouTube zu konsumieren. Zudem ergab sich, dass 18,2 % der Befragten sich andere oder weitere Inhalte ihres Lieblings-Creators wünschen.

Diese Daten geben wertvolle Einblicke in die Konsumgewohnheiten und Präferenzen der Teilnehmer.

Erkenntnisse, Ergebnisse und Handlungsempfehlungen

6

6.1 Zusammenfassung der Ergebnisse der Befragung

Short Clips

Die Ergebnisse der Befragung deuten darauf hin, dass Co-Creation insgesamt nicht zu einer signifikanten Steigerung der Nutzung von Kurzfilmen führt. Dieses Ergebnis könnte auf verschiedene Faktoren zurückzuführen sein. Short Clips eignen sich aufgrund ihrer Kürze und Schnelligkeit oft weniger für Co-Creation als längere Inhalte wie Videos oder Podcasts. Fans haben möglicherweise weniger Einflussmöglichkeiten oder fühlen sich weniger mit dem Format verbunden. Eine mögliche Interpretation dieses Ergebnisses könnte sein, dass Short Clips oft als spontan und schnelllebig wahrgenommen werden. Fans könnten daher weniger bereit sein, sich aktiv in einen solchen schnellen Prozess einzubringen, da die Zeit für Interaktion begrenzt ist. Dies legt nahe, dass Co-Creation bei Short Clips möglicherweise weniger effektiv ist, wenn die Community nicht ausreichend Zeit hat, um Ideen und Beiträge einzubringen. Interessanterweise ergab die Subgruppenanalyse, dass bestimmte Gruppen durchaus bereit sind, sich an der Co-Creation von Short Clips zu beteiligen. Dazu gehören insbesondere Personen, die sich anderen Content von ihren Lieblingscreators wünschen, sowie die Altersgruppe zwischen 25 und 34 Jahren. Dies legt nahe, dass die Bereitschaft zur Co-Creation bei Short Clips von bestimmten Faktoren wie dem Bedarf nach Abwechslung und der Altersgruppe beeinflusst wird.

Videos

Im Gegensatz zu Short Clips zeigen die Ergebnisse für Videos, dass Co-Creation insgesamt zu einem signifikanten Anstieg des Konsums führt. Dies ist ein ermutigendes Ergebnis und weist darauf hin, dass die aktive Beteiligung der Community an der Content-Erstellung einen deutlich positiven Einfluss auf den Konsum von Videos haben kann.

Eine mögliche Erklärung für dieses Ergebnis könnte darin liegen, dass Videos mehr Raum für Co-Creation bieten. In längeren Videoformaten haben Fans möglicherweise mehr Gelegenheit, Ideen einzubringen und sich stärker mit dem Content zu identifizieren. Es ist auch möglich, dass die Fans die Qualität und Relevanz des Contents steigern, wenn sie aktiv an seiner Gestaltung beteiligt sind. Die Subgruppenanalyse zeigt, dass es keinen signifikanten Unterschied zwischen Personen gibt, die sich anderen Content von ihren Lieblingscreators wünschen, und Personen, die keinen anderen Content wünschen. Dies deutet darauf hin, dass die Bereitschaft zur Co-Creation bei Videos nicht notwendigerweise von der aktuellen Content-Präferenz abhängt. Beide Gruppen zeigen ein starkes Interesse an der aktiven Mitgestaltung von Videos. Ein wichtiger Unterschied zeigt sich jedoch hinsichtlich des Geschlechts. Männer zeigen eine stärkere Neigung zur Co-Creation bei Videos im Vergleich zu Frauen. Dies könnte auf geschlechtsspezifische Präferenzen oder Wahrnehmungen hinsichtlich der Mitgestaltung von Inhalten zurückzuführen sein. Content Creators sollten dies bei der Entwicklung von Co-Creation-Strategien berücksichtigen, um eine breite Zielgruppenansprache sicherzustellen. Die Untersuchung ergab, dass signifikante Effekte in fast allen Altersgruppen außer bei den 45- bis 54-Jährigen festgestellt wurden. Besonders bemerkenswert ist, dass die Effektstärken in den Altersgruppen der 13- bis 17-Jährigen sowie der 35- bis 44-Jährigen deutlich über denen der anderen Altersgruppen lagen. Dies könnte darauf hinweisen, dass Co-Creation bei Videos bei diesen Altersgruppen besonders effektiv ist und einen stärkeren Einfluss auf den Konsum hat.

Livestreams
Die Ergebnisse zeigen, dass Co-Creation bei Livestreams insgesamt zu einem signifikanten Anstieg des Konsums führt. Dies unterstreicht die Relevanz der aktiven Einbindung der Community in Livestreaming-Events. Die Subgruppenanalyse zeigt erhebliche Unterschiede zwischen Personen, die sich anderen Content von ihren Lieblingscreators wünschen, und Personen, die keinen anderen Content wünschen. Diejenigen, die sich anderen Content wünschen, sind deutlich eher bereit, sich an der Co-Creation bei Livestreams zu beteiligen. Dies weist darauf hin, dass die Bereitschaft zur Mitgestaltung von Livestreams stark von den individuellen Content-Präferenzen abhängt. Fans, die nach Abwechslung suchen, sind eher geneigt, aktiv am Livestreaming-Prozess teilzunehmen.

In Bezug auf das Geschlecht zeigten die Ergebnisse, dass zwar keine großen Unterschiede hinsichtlich der Bereitschaft zur Co-Creation bei Livestreams festgestellt wurden, jedoch tendenziell eher Frauen für Co-Creation bei Livestreams bereit sind. Dies könnte auf eine größere Offenheit und Interaktionsbereitschaft von weiblichen Zielgruppen in Bezug auf Livestreaming-Events hindeuten. Die Untersuchung ergab, dass signifikante Effekte in allen Altersgruppen festgestellt wurden, wobei die Effektstärken in den Altersgruppen von 18 bis 24 Jahren sowie von 25 bis 34 Jahren deutlich über denen der anderen Altersgruppen lagen. Dies unterstreicht die Wirksamkeit von Co-Creation bei Livestreams insbesondere bei diesen Altersgruppen und deutet darauf hin, dass die aktive Beteiligung der Community in diesen Alterssegmenten einen stärkeren Einfluss auf den Konsum von Livestreaming-Events hat.

Podcasts

Die Ergebnisse zeigen, dass Co-Creation bei Podcasts insgesamt zu einem signifikanten Anstieg des Konsums führt. Dies ist ein ermutigendes Ergebnis und unterstreicht die Bedeutung der aktiven Einbindung der Community in Podcast-Produktionen. Die Subgruppenanalyse verdeutlicht, dass es erhebliche Unterschiede zwischen Personen gibt, die sich anderen Content von ihren Lieblingscreators wünschen, und Personen, die keinen anderen Content wünschen. Diejenigen, die sich anderen Content wünschen, sind deutlich eher bereit, sich an der Co-Creation bei Podcasts zu beteiligen. Dies zeigt, dass die Bereitschaft zur Mitgestaltung von Podcast-Inhalten eng mit den individuellen Content-Präferenzen zusammenhängt. Fans, die nach Vielfalt suchen, zeigen ein stärkeres Interesse an der aktiven Mitgestaltung von Podcast-Inhalten. Hinsichtlich des Geschlechts zeigten die Ergebnisse, dass keine signifikanten Unterschiede in der Bereitschaft zur Co-Creation bei Podcasts festgestellt wurden. Es ist jedoch tendenziell zu beobachten, dass eher Frauen zu Co-Creation bei Podcasts bereit sind. Dies deutet darauf hin, dass Frauen möglicherweise offener für die Idee der aktiven Mitgestaltung von Podcast-Inhalten sind. Die Untersuchung ergab signifikante Effekte in den Altersgruppen von 13 bis 17 Jahren, 18 bis 24 Jahren sowie 25 bis 34 Jahren. Interessanterweise nahmen die Effektstärken mit zunehmendem Alter ab. Dies bedeutet, dass Co-Creation bei Podcasts insbesondere bei jüngeren Zielgruppen eine stärkere Wirkung auf den Konsum hat. Jüngere Menschen sind eher geneigt, sich aktiv an der Gestaltung von Podcast-Inhalten zu beteiligen und diese intensiver zu konsumieren.

Zahlungsbereitschaft

Die Analyse der Zahlungsbereitschaft der Fans für Co-Creation bietet ebenfalls interessante Einblicke in das Verhalten der Zielgruppen. Die durchschnittliche Zahlungsbereitschaft der Fans liegt bei 4,42 €. Dies ist eine wichtige Kennzahl, um das finanzielle Engagement der Community bei Co-Creation-Initiativen zu verstehen.

Die Subgruppenanalyse zeigt signifikante Unterschiede in der Zahlungsbereit-schaft in Abhängigkeit von der Präferenz bezüglich anderer Contents. Fans, die sich anderen Content von ihren Lieblingscreators wünschten, zeigten eine höhere Zahlungsbereitschaft von durchschnittlich 6,27 €. Im Gegensatz dazu waren Per-sonen, die keinen anderen Content wünschten, eher zurückhaltend und zeigten eine niedrigere Bereitschaft, im Durchschnitt 4,00 € zu zahlen. Dies verdeutlicht, dass Fans, die nach zusätzlichem Content verlangen, eher bereit sind, finanziell in die Co-Creation-Prozesse zu investieren.

Die Ergebnisse hinsichtlich des Geschlechts zeigen, dass es nur geringfügige Unterschiede in der Zahlungsbereitschaft gibt. Männer gaben im Durchschnitt 4,42 € an, während Frauen 4,57 € bereit waren zu zahlen. Obwohl der Unterschied minimal ist, könnte er auf geschlechtsspezifische Präferenzen oder finanzielle Res-sourcen hinweisen. Es ist jedoch wichtig zu betonen, dass die Unterschiede in diesem Fall nicht signifikant sind und die Bereitschaft zur finanziellen Unterstützung von Co-Creation bei beiden Geschlechtern ähnlich ist.

Hinsichtlich des Alters ergaben sich nur geringfügige Unterschiede in der Zahlungsbereitschaft. Die höchste Zahlungsbereitschaft wurde in der ältesten Altersgruppe beobachtet, wobei aufgrund der Stichprobengröße kein definitiver Schluss gezogen werden kann. Insgesamt zeigt sich, dass die Bereitschaft zur finan-ziellen Unterstützung von Co-Creation bei unterschiedlichen Altersgruppen relativ gleich verteilt ist.

Die Ergebnisse zur Zahlungsbereitschaft der Fans für Co-Creation verdeutli-chen, dass die Präferenz bezüglich anderer Inhalte und das Geschlecht signifikante Faktoren für die finanzielle Unterstützung sind. Fans, die sich zusätzlichen Content wünschen, sind eher bereit, mehr zu zahlen. Geschlechtsspezifische Unterschiede sind minimal, und die Zahlungsbereitschaft ist weitgehend ausgeglichen.

Insgesamt zeigen die Ergebnisse dieser Untersuchung, dass Co-Creation in der Creator Economy eine vielversprechende Strategie sein kann, um die Bindung der Community an die Inhalte von Content Creators zu stärken und den Konsum zu steigern. Die Effekte von Co-Creation variieren jedoch je nach Content-Typ und Zielgruppe. Während Co-Creation bei Videos und Livestreams signifikant positive Auswirkungen auf den Konsum hat, sind die Effekte bei Short Clips weniger aus-geprägt. Die Bereitschaft zur Co-Creation variiert auch je nach Content-Typ und Zielgruppe, wobei Altersgruppen und Content-Präferenzen eine Rolle spielen.

Die Zahlungsbereitschaft der Fans für Co-Creation zeigt, dass die Community bereit ist, finanziell in diese Prozesse zu investieren, insbesondere wenn sie nach zusätzlichem Content sucht. Geschlechtsunterschiede in der Zahlungsbereitschaft sind minimal.

Diese Erkenntnisse können Content Creators helfen, gezielte Co-Creation-Strategien zu entwickeln, um ihre Community stärker zu binden und ihren Erfolg in der Creator Economy nachhaltig zu steigern. Es ist jedoch wichtig zu beachten, dass Co-Creation keine universelle Lösung ist und in Abhängigkeit von verschiedenen Faktoren und Zielgruppen unterschiedlich effektiv sein kann. Weitere Forschung und Anpassungen der Strategien sind daher erforderlich, um die besten Ergebnisse zu erzielen.

6.2   Handlungsempfehlungen

Es ist wichtig, dass Creators die Zufriedenheit der Zielgruppe mit den bestehenden Inhalten überprüfen. Dies kann beispielsweise durch Umfragen auf sozialen Plattformen wie Instagram geschehen. Content Creators sollten herausfinden, ob ihre Community zusätzlichen Content wünscht oder mit dem aktuellen Angebot zufrieden ist. Wenn Content Creators feststellen, dass ihre Community sich nach weiteren Inhalten sehnt, sollten sie dies als wertvolles Feedback betrachten und entsprechend handeln.

Content Creators sollten ihre bestehenden Inhalte analysieren und prüfen, ob sie für Co-Creation geeignet sind. Längere Content-Formate wie Videos, Livestreams und Podcasts haben sich als geeignet für Co-Creation erwiesen. Kurze Clips hingegen sind möglicherweise weniger geeignet, da sie aufgrund ihrer Kürze und Schnelligkeit weniger Möglichkeiten zur Anpassung bieten.

Soziale Plattformen bieten bereits Möglichkeiten zur Co-Creation, wie z. B. Umfragen auf Instagram oder Votings auf YouTube und Twitch. Content Creators sollten diese Funktionen nutzen, um ihre Community aktiv in den Prozess der Content-Erstellung einzubinden.

Eine konkrete Co-Creation-Maßnahme ist die Themenauswahl durch die Community. Dabei sollten Content Creators ihre Follower direkt nach Themen fragen, zu denen sie sich mehr Content wünschen. Diese Anregungen aus der Community können dann als Grundlage für zukünftige Inhalte dienen, was nicht nur die Bedürfnisse der Zuschauer berücksichtigt, sondern auch das Engagement steigert.

Ebenso effektiv kann die gemeinsame Ideenfindung sein. Anstatt allein Ideen für Inhalte zu entwickeln, sollten Content Creators Umfragen durchführen, um gemeinsam mit der Community neue Ideen zu generieren. Dieser partizipative Ansatz fördert das Gefühl der Mitgestaltung und kann dazu beitragen, kreative und vielfältige Inhalte zu produzieren.

Während Livestreams sollten Content Creators auch live mit ihrer Community interagieren. Dies beinhaltet das Beantworten von Fragen der Zuschauer,

Abstimmungen über bestimmte Inhalte abzuhalten oder sogar in Echtzeit gemeinsame Inhalte wie z. B. Musik zu kreieren. Diese Live-Interaktionen schaffen eine unmittelbare Verbindung und verstärken das Engagement.

Die Einbeziehung von Kommentaren und Bewertungen der Community ist eine weitere wichtige Co-Creation-Maßnahme. Content Creators können ihr Publikum dazu auffordern, Inhalte und neue Ideen zu bewerten und Feedback zu geben. Dadurch können sie die Qualität ihrer Inhalte verbessern und besser auf die Bedürfnisse und Wünsche ihrer Community eingehen. Auf diese Weise können Content Creators auch bestimmte Content-Formate identifizieren, für die sich der Aufwand nicht lohnt, weil sie nur von einem kleinen Teil der Community konsumiert werden.

Schließlich sollten Content Creators auch die Möglichkeit der gemeinsamen Produktentwicklung in Betracht ziehen. Wenn sie Produkte wie Merchandising oder digitale Produkte anbieten, können sie die Community in den Entwicklungsprozess einbeziehen.

Content Creators sollten die neuen Tools bestehender und zukünftiger Plattformen nutzen, die speziell auf Co-Creation ausgerichtet sind. Diese können zusätzliche Möglichkeiten bieten, um die Bindung an die Community zu stärken und Creator Burnout vorzubeugen.

Wenn auf diesen Plattformen ein Abonnementmodell möglich ist, sollten Content Creators verschiedene Abonnementstufen zu unterschiedlichen Preisen anbieten. Da Fans unterschiedliche Interessen und Budgets haben, können Abonnementstufen mit einem Preis von 4 bis 6 € realistisch sein. Dies ermöglicht es den Fans, sich entsprechend ihren Präferenzen und finanziellen Möglichkeiten an Co-Creation-Prozessen zu beteiligen.

Content Creators sollten diese Empfehlungen nutzen, um ihre Strategien zu optimieren und ihren langfristigen Erfolg in der Creator Economy zu sichern.

Es ist jedoch wichtig zu beachten, dass Co-Creation keine universelle Lösung ist und die Effektivität je nach Content-Typ und Zielgruppe variieren kann. Content Creators sollten daher die Reaktionen ihrer Community kontinuierlich beobachten und ihre Strategien entsprechend anpassen.

6.3   Top 10 Handlungsempfehlungen in aller Kürze

1. **Investiere in Diversität:** Suche bewusst nach Kollaborationen mit Menschen unterschiedlicher Hintergründe und Erfahrungen. Diversität fördert nicht nur Innovation, sondern erweitert auch deine Perspektive und zieht ein vielfältigeres Publikum an.

2. **Aktualisiere deine Fähigkeiten:** Die digitale Welt entwickelt sich ständig weiter. Nutze Weiterbildungen, Online-Kurse und Networking-Veranstaltungen, um deine Fähigkeiten auf dem neuesten Stand zu halten. Das Wissen um aktuelle Technologien und Trends stärkt deine Wettbewerbsfähigkeit.

3. **Co-Creation als Standard:** Kollaboratives Arbeiten ist nicht nur effizient, sondern bereichert auch die Qualität deiner Inhalte. Ermutige zur Zusammenarbeit mit anderen Kreativen, sei es in gemeinsamen Projekten, Gastbeiträgen oder kreativen Herausforderungen.

4. **Community-Building pflegen:** Eine engagierte Community ist dein größtes Kapital. Pflege den Austausch mit deinem Publikum durch regelmäßige Interaktion, Umfragen und exklusive Inhalte. Zeige, dass du die Unterstützung schätzt, und baue eine authentische Beziehung zu deiner Community auf.

5. **Monetarisierung diversifizieren:** Lege nicht alle Eier in einen Korb. Erkenne und nutze verschiedene Einnahmequellen, um finanzielle Stabilität zu gewährleisten. Betrachte Partnerschaften, Merchandising, gesponserte Inhalte und Mitgliedschaften als Teil deines umfassenden Monetarisierungsplans.

6. **Nachhaltigkeit in den Fokus rücken:** Deine kreative Energie ist begrenzt. Plane deine Arbeitsbelastung strategisch, setze realistische Ziele und schaffe einen ausgewogenen Arbeitsrhythmus. Die Integration von Pausen und Selbstreflexion fördert nicht nur deine eigene Gesundheit, sondern auch die Qualität deiner Inhalte.

7. **Storytelling optimieren:** Deine Geschichten sind der Kern deiner Marke. Perfektioniere deine Erzähltechniken, um nicht nur Informationen zu übermitteln, sondern auch eine emotionale Verbindung zu deinem Publikum aufzubauen. Authentizität und Emotionen sind Schlüsselkomponenten erfolgreichen Storytellings.

8. **Innovative Plattformen erkunden:** Sei neugierig und erkunde neue Plattformen, die sich in der digitalen Landschaft entwickeln. Sei präsent auf den Plattformen, die zu deiner Zielgruppe passen. Bleibe offen für neue Formate, wie z. B. VR oder AR, um deine Inhalte zu diversifizieren.

9. **Datenschutz und Ethik beachten:** Handle verantwortungsbewusst im Umgang mit den Daten deiner Community. Respektiere Datenschutzrichtlinien und ethische Standards. Ein Vertrauensverlust kann schwerwiegende Auswirkungen auf deine Marke haben.

10. **Selbstpflege nicht vergessen:** Deine kreative Energie ist deine wertvollste Ressource. Setze klare Grenzen für deine Arbeitszeit, plane Pausen ein und nutze regelmäßige Reflexion, um deine eigene kreative Entwicklung zu fördern. Eine ausgewogene Work-Life-Balance ist entscheidend für langfristigen Erfolg und persönliches Wohlbefinden.

6.4   4 × 10 Handlungsempfehlungen, bezogen auf Short Clips, Videos, Livestreams und Podcasts

10 Handlungsempfehlungen, bezogen auf Short Clips

1. **Fesselnder Einstieg:** Beginne deine Short Clips mit einem beeindruckenden Moment oder einer spannenden Frage, um sofort die Aufmerksamkeit deiner Zuschauer zu gewinnen.
2. **Klar definierte Message:** Jeder Clip sollte eine klare Botschaft vermitteln. Halte dich an ein Hauptthema, um die Konzentration deiner Zuschauer zu fördern und deine Message effektiv zu kommunizieren.
3. **Visuelle Kreativität:** Nutze die begrenzte Zeit optimal, indem du visuell ansprechende Elemente einbaust. Grafiken, Animationen und schnelle Schnitttechniken können den visuellen Reiz erhöhen und die Botschaft verstärken.
4. **Geschichtenerzählung in Kürze:** Verwende Short Clips, um kurze Geschichten zu erzählen. Jeder Clip sollte einen klaren Anfang, eine Mitte und ein Ende haben, um ein kohärentes Erlebnis zu bieten.
5. **Kontinuität bewahren:** Halte einen einheitlichen Stil und ein konsistentes Branding bei. Kontinuität fördert die Wiedererkennung und stärkt die Bindung zwischen dir und deinem Publikum.
6. **Zielgruppenorientierung:** Kenne deine Zielgruppe genau. Gestalte deine Clips so, dass sie den Bedürfnissen und Interessen deiner Zuschauer entsprechen, um eine höhere Resonanz zu erzielen.
7. **Call-to-Action einbinden:** Fordere dein Publikum auf, aktiv zu werden. Ob es darum geht, etwas zu kommentieren, zu teilen oder sich für weitere Clips anzumelden – ein klarer Call-to-Action fördert die Interaktion.
8. **Experimentiere mit Formaten:** Variiere in der Präsentation deiner Clips. Von humorvollen Sketchen über informative Tutorials bis hin zu inspirierenden Momenten – Abwechslung hält das Interesse hoch.
9. **Regelmäßigkeit beibehalten:** Veröffentliche Clips regelmäßig, um eine treue Zuschauerschaft aufzubauen. Ein zuverlässiger Veröffentlichungsplan schafft Erwartungen und steigert die Vorfreude.

10. **Analytik nutzen:** Setze Analysetools ein, um das Engagement und die Performance deiner Short Clips zu messen. Nutze die gewonnenen Erkenntnisse, um deine Strategie zu optimieren und auf die Bedürfnisse deiner Zuschauer einzugehen.

10 Handlungsempfehlungen, bezogen auf Videos

1. **Strukturierte Handlung:** Entwickle eine klare Struktur für deine Videos, angefangen bei einer einprägsamen Einleitung bis hin zu einem starken Schluss. Eine gut durchdachte Handlung hält die Zuschauer engagiert.
2. **Qualität über Quantität:** Priorisiere die Qualität deiner Videos über die Quantität. Ein hochwertiges, gut produziertes Video hat eine längere Halbwertszeit und wird eher von Zuschauern geteilt und weiterempfohlen.
3. **Storytelling-Meisterschaft:** Perfektioniere die Kunst des Storytellings. Nutze Erzähltechniken, um nicht nur Informationen zu vermitteln, sondern eine emotionale Verbindung zu deinem Publikum aufzubauen. Eine fesselnde Geschichte bleibt im Gedächtnis.
4. **Visualisierung:** Achte auf visuelle Elemente wie Grafiken, Animationen und qualitativ hochwertige Aufnahmen. Eine ansprechende visuelle Darstellung steigert die Attraktivität deiner Videos und fördert das Verständnis.
5. **Interaktive Elemente einbinden:** Ermutige dein Publikum zur Interaktion. Fragen, Umfragen oder Aufrufe zur Handlung fördern die Beteiligung und stärken die Beziehung zwischen dir und deiner Community.
6. **Klare Botschaft:** Definiere vor der Produktion die Hauptbotschaft deines Videos. Eine klare Botschaft sorgt für Klarheit und hilft Zuschauern, den Mehrwert deines Inhalts zu erkennen.
7. **SEO-Optimierung:** Nutze relevante Keywords und beschreibende Titel, um die Auffindbarkeit deiner Videos zu verbessern. SEO-Optimierung ist entscheidend für eine breitere Reichweite.
8. **Kollaborationen suchen:** Erwäge Zusammenarbeiten mit anderen Content Creators. Kollaborationen können nicht nur deine Reichweite erweitern, sondern auch frische Perspektiven und Ideen in deine Videos einbringen.
9. **Feedback nutzen:** Fordere konstruktives Feedback an und setze es zur Verbesserung deiner Videos ein. Die Perspektive deiner Zuschauer ist unschätzbar für die Feinabstimmung deiner Inhalte.
10. **Kontinuität bewahren:** Baue eine konsistente Markenidentität auf und bewahre diese in all deinen Videos. Kontinuität fördert die Wiedererkennung und stärkt die Bindung zwischen dir und deinem Publikum.

10 Handlungsempfehlungen, bezogen auf Livestreams

1. **Vorankündigung und Promotion:** Teile den Zeitpunkt deiner Livestreams im Voraus mit, um die Vorfreude deiner Zuschauer zu steigern. Nutze verschiedene Plattformen für die Ankündigung und schaffe einen Countdown, um die Aufmerksamkeit zu maximieren.

2. **Interaktive Elemente einbinden:** Nutze die Live-Umgebung, um direkt mit deinem Publikum zu interagieren. Beantworte Fragen, reagiere auf Kommentare und schaffe eine persönliche Verbindung. Die Echtzeitbeteiligung fördert das Engagement.

3. **Diverse Inhalte bieten:** Vermeide Monotonie, indem du verschiedene Arten von Inhalten in deine Livestreams einbaust. Von Q&A-Sessions über Hinter-den-Kulissen-Einblicke bis hin zu Interviews – die Vielfalt hält das Interesse hoch.

4. **Technische Vorbereitung:** Teste vor jedem Livestream deine Technik, um sicherzustellen, dass Bild und Ton einwandfrei funktionieren. Ein reibungsloser Ablauf steigert die Professionalität deiner Streams.

5. **Klare Struktur:** Entwickle eine klare Struktur für jeden Livestream. Acht auf einen roten Faden, um die Zuschauer durch das Gespräch zu führen. Strukturierte Streams sind ansprechender und leichter zu verfolgen.

6. **Gastbeiträge einplanen:** Biete Abwechslung durch Gastbeiträge von Experten oder Persönlichkeiten aus deinem Bereich. Das Einbringen verschiedener Perspektiven erweitert das Interesse und die Reichweite deiner Livestreams.

7. **Auffällige visuelle Elemente:** Integriere visuell ansprechende Elemente wie Grafiken oder Animationen, um die visuelle Anziehungskraft deiner Streams zu erhöhen. Ein ästhetisch ansprechender Livestream zieht mehr Zuschauer an.

8. **Moderation im Blick behalten:** Sorge für eine effektive Moderation, um eine positive und respektvolle Atmosphäre zu bewahren. Moderatoren können Fragen filtern, das Gespräch lenken und unangemessenes Verhalten minimieren.

9. **Aufzeichnungen teilen:** Mache Aufzeichnungen deiner Livestreams verfügbar, damit Zuschauer, die den Stream verpasst haben, ihn später ansehen können. Dies erhöht die Reichweite und den langfristigen Nutzen deiner Inhalte.

10. **Feedback integrieren:** Ermutige Zuschauer, Feedback zu geben, und setze dieses konstruktiv ein. Das Einbinden von Zuschauermeinungen stärkt die Gemeinschaft und zeigt, dass ihre Meinungen geschätzt werden.

10 Handlungsempfehlungen, bezogen auf Podcasts

1. **Klare Nische definieren:** Identifiziere eine klare Nische oder einen Themenbereich für deinen Podcast. Eine klare Fokussierung erleichtert es, ein spezifisches Publikum anzusprechen und eine treue Hörerschaft aufzubauen.

2. **Hochwertiger Sound:** Investiere in hochwertige Audioaufnahmen. Ein klarer und professioneller Klang verbessert die Hörerfahrung und trägt zur Glaubwürdigkeit deines Podcasts bei.

3. **Strukturierte Episode:** Entwickle eine klare Struktur für jede Episode. Einführung, Hauptinhalt und Schluss machen den Podcast für Hörer leicht verständlich und angenehm zu verfolgen.

4. **Vorbereitung ist entscheidend:** Bereite dich gründlich vor jeder Episode vor. Recherchiere, erstelle Gesprächsleitfäden und sei bereit, Themen aus verschiedenen Blickwinkeln zu diskutieren. Vorbereitung fördert die Qualität deiner Inhalte.

5. **Gastbeiträge einplanen:** Biete Abwechslung durch Gastbeiträge von Experten oder interessanten Persönlichkeiten. Das Einbringen verschiedener Stimmen erhöht die Vielfalt und Attraktivität deines Podcasts.

6. **Regelmäßiger Veröffentlichungsplan:** Halte einen regelmäßigen Veröffentlichungsplan ein. Konsistenz ist entscheidend, um eine treue Hörerschaft aufzubauen. Ein zuverlässiger Zeitplan schafft Erwartungen und fördert die Kontinuität.

7. **SEO für Titel und Beschreibung:** Verwende relevante Keywords im Titel und der Beschreibung jeder Episode, um die Auffindbarkeit deines Podcasts zu verbessern. SEO ist entscheidend für eine höhere Reichweite.

8. **Aktive Community-Pflege:** Pflege eine aktive Community rund um deinen Podcast. Nutze Social Media, Foren oder Kommentarsektionen, um mit deinem Publikum zu interagieren. Eine engagierte Community steigert die Sichtbarkeit deines Podcasts.

9. **Audience-Feedback nutzen:** Ermutige Zuhörer, Feedback zu geben, und setze es zur kontinuierlichen Verbesserung deiner Inhalte ein. Zuschauermeinungen sind wertvoll für die Anpassung an die Bedürfnisse deiner Hörerschaft.

10. **Diversifizierte Inhalte bieten:** Variiere die Formate deiner Episoden. Von Interviews über Solo-Formate bis hin zu Storytelling – die Diversität der Inhalte hält den Podcast frisch und interessant für verschiedene Zuschauer.

Was Sie aus diesem *essential* mitnehmen können

- Der Leser hat gelernt, wie Co-Creation in der Creator Economy finanziellen Erfolg ermöglicht, indem erfolgreiche Modelle und Strategien beleuchtet werden.
- Er hat verstanden, wie Co-Creation Content Creators hilft, Burnout zu verhindern, indem kollaborative Ansätze die Arbeitslast reduzieren und unterstützende Gemeinschaften aufbauen.
- Das Buch vermittelt Einblicke in innovative Storytelling-Methoden, die Content Creators helfen, ihre Inhalte kreativer und ansprechender zu gestalten.
- Der Leser hat gelernt, wie die Diversifizierung von Monetarisierungsstrategien Content Creators finanzielle Flexibilität verschafft und langfristige Einnahmen gewährleistet.
- Es wurden zukunftsorientierte Analysen präsentiert, die dem Leser helfen, Trends und Technologien in der Creator Economy proaktiv zu erkennen und sich anzupassen.
- Die Bedeutung des Aufbaus einer engagierten Community wurde betont, um nicht nur die Reichweite, sondern auch die emotionale Verbindung zu stärken.
- Der Leser hat konkrete Handlungsempfehlungen für seinen individuellen Content-Typ erhalten, sei es durch Short Clips, Videos, Livestreams oder Podcasts, um seine kreative Reise zu optimieren.

M. H. Dahm und J. Heydenreich, *Co-Creation in der Creator Economy*, essentials, https://doi.org/10.1007/978-3-658-44657-4

Literatur

Barinka, A. (2022). Meta's Instagram users reach 2 billion, closing in on Facebook. https://www.bloomberg.com/news/articles/2022-10-26/meta-s-instagram-users-reach-2-billion-closing-in-on-facebook#xj4y7vzkg. (26.10.2022). Zugegriffen: 25. Sept. 2023.

Bauer, F. (2023). Creator mental health report: Social media & burnout. https://later.com/resources/report/creator-mental-health-report/#creator-mental-health-report-form. Zugegriffen: 25. Sept. 2023.

Boyd, D. M., & Ellison, N. B. (2007). Social network sites: Definition, history, and scholarship. *Journal of Computer-Mediated Communication, 13*(1), 214.

Crandell, C. (2016). Customer co-creation is the secret sauce to success. https://www.forbes.com/sites/christinecrandell/2016/06/10/customer_cocreation_secret_sauce/. Zugegriffen: 12. März 2024.

Elsässer, J., & Sauer, K. E. (2016). *Burnout in sozialen Berufen: Öffentliche Wahrnehmung, persönliche Betroffenheit, professioneller Umgang.* Centaurus Verlag & Media.

Faber, M. J. (2008). *Open Innovation: Ansätze, Strategien und Geschäftsmodelle.* Gabler.

gesund.bund.de. (2021). Burn-out-Syndrom. https://gesund.bund.de/burn-out-syndrom. (2021). Zugegriffen: 25. Sept. 2023.

Geyser, W. (2022). Creator earnings: Benchmark report 2022. https://influencermarketinghub.com/creator-earnings-benchmark-report/. (02.08.2022). Zugegriffen: 25. Sept. 2023.

Harvard Business School. (2018). IKEA: Crowdsourcing ideas to co-create a better everyday life. https://d3.harvard.edu/platform-digit/submission/ikea-crowdsourcing-ideas-to-co-create-a-better-everyday-life/. (25.03.2018). Zugegriffen: 25. Sept. 2023.

Heron, J., & Reason, P. (2020). Extending epistemology within a co-operative inquiry. https://johnheron-archive.co.uk/extending-epistemology-within-a-co-operative-inquiry. (10.03.2020). Zugegriffen: 25. Sept. 2023.

Howe, J. (2006a). The rise of crowdsourcing. *Wired Magazine, 14*(6), 1–4.

Howe, J. (2006b). Crowdsourcing: A definition, crowdsourcing blog. https://crowdsourcing.typepad.com/cs/2006/06/crowdsourcing_a.html. Zugegriffen: 25. Sept. 2023.

Iglesias, O. (2018). Why your company should embrace co-creation. https://www.forbes.com/sites/esade/2018/09/24/why-your-company-should-embrace-co-creation/?sh=62effb9f1bdd. (24.09.2018). Zugegriffen: 25. Sept. 2023.

Influencer Marketing Hub. (2022). The State of the Influencer Marketing, Kopenhagen: Influencer Marketing Hub. https://influencermarketinghub.com/ebooks/Influencer_Mark eting_Benchmark_Report_2022.pdf. (2022) S. 30. Zugegriffen: 12. März 2024.

Jackson, N. (2011). Infographic: The history of video advertising on YouTube https://www. theatlantic.com/technology/archive/2011/08/infographic-the-history-of-video-advert ising-on-youtube/242836/. Zugegriffen: 12. März 2024.

Kay, M. (2022). Creator Burnout: The what, why, and how to start recovering. https://conver tkit.com/resources/blog/creator-burnout. (23.05.2023). Zugegriffen: 25. Sept. 2023.

LEGO IDEAS. (2021). Lego ideas. https://ideas.lego.com/. Zugegriffen: 25. Sept. 2023.

Linktree. (2022). Creator report by Linktree. https://linktr.ee/creator-report/. Zugegriffen: 25. Sept. 2023.

Lorenz, T. (2021). Young creators are burning out and breaking down. https://www.nytimes. com/2021/06/08/style/creator-burnout-social-media.html. Zugegriffen: 12. März 2024.

Meta. (2021). Unternehmensinformationen – Über Facebook. https://about.fb.com/de/com pany.info/. (01.11.2021). Zugegriffen: 25. Sept. 2023.

Milligan, I. (2017). Welcome to the web: The online community of GeoCities during the early years of the World Wide Web, UWSpace. http://hdl.handle.net/10012/11859. S. 137–139. Zugegriffen: 12. März 2024.

Mills, P. K., & Morris, J. H. (1986). Clients as "Partial" employees of service organizations: Role development in client participation. *Academy of Management Review, 11*(4), 726–735.

Murphy, C. (2019). Tweet twist: The evolution of Twitter. https://www.bostondigital.com/ins ights/tweet-twist-evolution-twitter. (25.11.2019). Zugegriffen: 25. Sept. 2023.

O'Connell, B. (2020). History of Snapchat: Timeline and facts. https://www.thestreet.com/ technology/history-of-snapchat. (28.02.2020). Zugegriffen: 25. Sept. 2023.

O'Hern, M., & Rindfleisch, A. (2010). Customer co-creation: A typology and research agenda. Review of Marketing Research, 84–106. https://www.researchgate.net/pub lication/235306810_Customer_Co-Creation_A_Typology_and_Research_Agenda. Zugegriffen: 12. März 2024.

Parker, J., Barker, M., Roberts, M. L., Zahay, D., & Barker, D. I. (2022). *Social media marketing: a strategic approach.* Cengage Learning.

Pater, M. (2009). *Co-Creation's 5 guiding principles – Or ... what is successful co-creation made of?* Fronteer Strategy.

Patreon. (2023). The story of Patreon. https://www.patreon.com/about?l=de-de. (2023). Zugegriffen: 25. Sept. 2023.

Prahalad, C. K., & Ramaswamy, V. (2004a). *The future of competition: Co-creating unique value with customers.* Harvard Business Review Press.

Prahalad, C. K., & Ramaswamy, V. (2004b). Co-creating unique value with customers. *Strategy & Leadership, 32*(3), 5–8.

Ramaswamy, V., & Gouillart, F. J. (2010a). *The power of co-creation: Build it with them to boost growth, productivity, and profits.* Free Press.

Ramaswamy, V., & Gouillart, F. J. (2010b). Building the co-creative enterprise. *Harvard Business Review, 88*(10), 4–6.

Reidy, M. (2022). 78% of influencers admit to suffering burnout. https://www.awin.com/us/ news-and-events/industry-news/creator-burnout-survey. (22.08.2022). Zugegriffen: 25. Sept. 2023.

Statista.com. (2022). Instagram monthly active users 2021. https://www.statista.com/statis
tics/253577/number-of-monthly-active-instagram-users/. (27.07.2022). Zugegriffen: 25.
Sept. 2023.

Statista.com. (2023a). Global influencer market size 2023. https://www.statista.com/statis
tics/1092819/global-influencer-market-size/. (10.05.2023). Zugegriffen: 25. Sept. 2023.

Statista.com. (2023b). Anzahl der Social-Media-Nutzer weltweit in den Jahren 2012 bis
2023. https://de.statista.com/statistik/daten/studie/739881/umfrage/monatlich-aktive-soc
ial-media-nutzer-weltweit/. (26.05.2023). Zugegriffen: 25. Sept. 2023.

Vargo, S. L., & Lusch, R. F. (2004). Evolving to a new dominant logic for marketing. *Journal
of Marketing, 68,* 1–17.

Winter, D. (2022). A guide to the creator economy. https://www.shopify.com/blog/creator-
economy. (21.11.2022). Zugegriffen: 25. Sept. 2023.

Worlikar, G. (2022). Co-creation strategy – Ideas.Lego.com Case Study. https://medium.
com/@gloria_worlikar/co-creation-strategy-ideas-lego-com-case-study-676a61ad54c.
(07.01.2022). Zugegriffen: 25. Sept. 2023.

Xplane.com. (2016). A brief history of co-creation. https://xplane.com/a-brief-history-of-co-
creation/. (28.11.2016). Zugegriffen: 25. Sept. 2023.

Yuanling, Y., & Constine, J. (2021). What is the creator economy? Influencer tools
and trends. https://signalfire.com/creator-economy/. (09.11.2021). Zugegriffen: 25. Sept.
2023.

Printed in the United States
by Baker & Taylor Publisher Services